HEYNE BÜCHER

HEYNE RATGEBER

EVA TRAUTER

DAS HEYNE-KRÄUTERBUCH

135 Heilpflanzen und ihre Anwendung in Medizin und Schönheitspflege Tees und Aufgüsse, Gesichtspackungen und Badezusätze zum Selbermachen – Register über die Anwendungsmöglichkeiten der Kräuter und Pflanzen

mit 10 Zeichnungen von Gerd Berthold

Originalausgabe

WILHELM HEYNE VERLAG
MÜNCHEN

HEYNE-BUCH Nr. 4083
im Wilhelm Heyne Verlag, München

14. Auflage

Printed in Germany 1981
Umschlag: Atelier Heinrichs, München
Umschlagfoto: Atelier Dieter Hinrichs, München
Gesamtherstellung: Ebner Ulm

ISBN 3-453-40059-3

Inhalt

Vorwort

Gegen alles ist ein Kraut gewachsen!
Aber es ist unmöglich, die Vielzahl der Kräuter hier unterzubringen. Ich habe mich *nur* mit 135 Kräutern ›begnügt‹. Ich glaube, diese Kräuter genügen für den Hausgebrauch – um so mehr, als Sie hier ihre vielseitigen Verwendungsmöglichkeiten kennen lernen. Sie werden einiges über die Herkunft der einzelnen Kräuter erfahren, über ihre Grundstoffe, ihre Verwendung bei vielen Krankheiten, zur Vorbeugung, bei kleinen und großen Leiden. Dazu gebe ich Ihnen Tips für Kompressen, Gesichtspackungen und Badezusätze. Viele dieser Kräuter kennen Sie schon aus der Küche. Aber darüber erfahren Sie mehr in dem HEYNE-GEWÜRZBUCH (Band 4032).
Sie werden sich vielleicht wundern, in diesem Band auch Pflanzen zu finden, die wir eigentlich nicht als Kräuter bezeichnen – z. B. den Apfel, die Tanne, die Zitrone . . . Sicher, das sind keine kleinen ›Kräutlein‹, aber sie sind seit Jahrhunderten in der Heilkunde von Bedeutung, und sie gehören deshalb ganz einfach mit zu den Heilpflanzen.

Wie ist das HEYNE-KRÄUTERBUCH angelegt?
Zunächst finden Sie alle Kräuter alphabethisch, von A–Z angeordnet, wobei der botanische deutsche Name ausschlaggebend ist. Dann folgt ein Register von verschiedenen Verwendungsmöglichkeiten (Krankheiten), an dem Sie, ebenfalls alphabetisch angeordnet, finden, welche Kräuter etwa gegen Husten, Fieber, Müdigkeit usw. gewachsen sind.

Zum Sammeln der Kräuter
Ich möchte Ihnen dringend abraten, selbst Kräuter zu sammeln, es sei denn, Sie besitzen eine große ›Kräutererfahrung‹. Schon die kleinste Verwechslung kann giftig, schmerzlich, ja manchmal sogar tödlich sein!

Am besten kaufen Sie die Kräuter frisch (oder getrocknet) auf dem Markt, beim Kräuterweiblein, in der Apotheke, in der Drogerie oder im Reformhaus.

Zur Aufbewahrung der Kräuter

Alle Kräuter, die Sie zu Heil- oder kosmetischen Zwecken verwenden, sollten nicht älter als 1 Jahr sein – werfen Sie sie dann weg! Sie helfen nicht mehr, ihre Wirkung ist verflogen. Die Kräuter sollen jeweils einzeln und luftdicht verschlossen werden.

Zur Verwendung ...

Ich habe im allgemeinen bei den einzelnen Kräutern die Mengen angegeben, die Sie jeweils für eine Portion benötigen. Kochen oder brühen Sie nie mehr Tee oder Absud auf, als Sie für einen Tag brauchen. Aufgewärmter oder gar gekochter Tee ist nicht nur unappetitlich, sondern auch nutzlos. Hier wäre Sparsamkeit falsch! Das gilt natürlich auch für Aufkochungen oder Sude, die Sie für Dampfbäder oder Badezusätze verwenden.
Wo Sie keine Mengenangaben finden, rate ich Ihnen je nach Geschmacksrichtung vorsichtig ›Ihre‹ Menge auszuprobieren – angefangen bei einem halben Teelöffel, gesteigert auf 1–2 Teelöffel an Blättern oder Blüten.
Trinken Sie nie über längere Zeiträume hinweg ein und dieselbe Teesorte – pausieren Sie zwischendurch. Es kann bei aller Heilwirksamkeit der Kräuter auch Schaden durch Überreizung der inneren Organe entstehen.

... auch in der Schönheitspflege

Sinnvoll angewendet, dienen viele der hier beschriebenen Kräuter und Pflanzen kosmetischen Zwecken. Sie können sich manches Geldstück sparen, wenn Sie Gesichtspackungen, Kompressen, Dampfbäder und Kräuteröle selbst herstellen. Aber gehen Sie auch hier genau nach Anweisung vor: Ein Zuviel oder Zulange wird fast immer schaden!

Und noch etwas sehr Wichtiges!

Stellen Sie bei all Ihrer Erfahrung mit sich selbst nicht immer allein die Diagnose, um sich dann eine Teekur zu verordnen. Besser ist's auf jeden Fall, Sie lassen sich von einem Arzt beraten! So, das wär's, was ich noch sagen wollte.

Es gibt nicht nur heilsame Teesorten, sondern auch würzige, die auch ein Gesunder trinken kann. Und außerdem wird Ihnen vielleicht durch dieses Kräuterbuch klar, daß Kräuter nicht nur als Krankentee eine heilsame Wirkung haben, sondern daß sie ebenso wichtig und heilsam als anregende Gewürze für unsere täglichen Mahlzeiten sind.

Viel Glück – viel Gesundheit – guten Appetit!

EVA TRAUTER

Von Eva Trauter ist in der *Praktischen Reihe* bereits erschienen DAS HEYNE-GEWÜRZBUCH (Band 4031). Die Autorin ist Schauspielerin und schreibt Rundfunk- und Fernsehsendungen.

ACKER-HELLERKRAUT (Theaspi arvense)

Acker-Pfennigkraut

Das Acker-Hellerkraut wird in Mittelmeerländern angebaut, es blüht und wächst von März bis Oktober und wird ca. 15 bis 30 cm hoch.
Die Blätter des Acker-Hellerkrautes werden als Salat oder Gemüse zubereitet.

ACKERWINDE (Convulvulus arvensis)

Die Ackerwinde wächst in Weinbergen, an Wegen und Schuttplätzen. Sie hat weiße Blüten mit rötlichen oder rosaroten Streifen. Der Stengel kann bis zu 1 m lang werden – er ›windet‹ sich am Boden entlang.

ENTHÄLT: Harz.
WIRKT: Abführend.
VERWENDUNG: Verstopfung.

Ackerwinden-Tee

2–4 g Ackerwinde mit 1 Tasse kochendem Wasser übergießen, morgens und abends 1 Tasse trinken.

ALOE (Aloë vulgaris)

Der Aloë wächst im ganzen Jahr, bei uns in Deutschland auch als Zimmerpflanze – als langblättriger dorniger Kaktus. Der Stengel kann bis zu 65 cm hoch werden. Er hat dicke, feste hellgrüne Blätter mit roten hängenden Blüten. Verwendet werden die Blätter.

WIRKT:	Lindernd und reinigend.
VERWENDUNG:	Keuchhusten, Erkältungshusten. Bei Entzündungen können Sie den kalten oder lauwarmen Absud des Aloë zu Umschlägen nehmen.

Aloë-Tee

Sie schneiden von der Pflanze 1/2 Blatt Aloë, setzen es mit 2 Tassen Wasser kalt auf, bringen es zum Kochen und lassen es 5 Minuten mitkochen. Tee abgießen, mit Honig oder Kandiszucker süßen.

ANDORN (Marrubium vulgare)

Berghopfen
Gewöhnlicher Andorn
Mariennessel
Mutterkraut
Weiße Leuchte
Weißer Dorant

Der Andorn blüht weiß und gelb von Juni bis September, wächst – selten wild – an Wegen, Zäunen und auf Schutthalden. Der Stamm ist filzig (ca. 30–60 cm hoch) und hat grauweiß behaarte Blätter, die angenehm duften und bitterscharf schmecken. Juni bis September werden die Blätter gesammelt.

ENTHÄLT:	Bitterstoff, Gerbstoff.
WIRKT:	Belebend, stärkend, schleimlösend, drüsenanregend, auswurffördernd.
VERWENDUNG:	*Innerlich* bei chronischem Katarrh der Luft- und Nahrungswege, Husten, Müdigkeit, Leberschwellung, Gelbsucht, Krampfadern. *Äußerlich* bei Hautausschlägen.

Andorn-Tee
Aufguß: 1 Teelöffel auf 1 Tasse Wasser, täglich 1–2 Tassen.

ANGELIKA (Archangelica officinalis)

Brustwurz
Engelwurz, echte oder gebräuchliche (Angelica archangelica)
Heiliggeistwurz
Zahnwurz

Angelika wird auf feuchtem Boden angebaut, sie wächst aber auch wild an Ufern, in Weidengebüschen. Die Blätter sind grünlichweiß, duften nach Honig. Weiße bis rötlichweiße Blütendolde. Die Pflanze kann bis zu 2 m hoch werden. Gesammelt werden die Blätter und Wurzeln.

ENTHÄLT:	Ätherisches Öl, Gerbstoff, Harz.
WIRKT:	Anregend, blutreinigend, magenstärkend, menstruationsfördernd, harnfördernd, auswurffördernd, schweißtreibend.
VERWENDUNG:	Bei Appetitlosigkeit, Magenschwäche, Katarrh der oberen Luftwege, Schwächezuständen, *äußerlich* als Badezusatz, in Kräuterkissen, Öl zum Einreiben bei Neuralgien, Rheuma, Gicht.

Angelika-Tee
Abkochung kalt ansetzen, 1/2 Teelöffel auf 1 Tasse Wasser, davon täglich bis zu 2 Tassen.

Pulver
Täglich 3mal 1 Messerspitze.

ANIS (Pimpinella anisum)

China-Anis
Stern-Anis (Illicum verum)

Die Anispflanze wird bis zu 1 m hoch mit flaumhaarigem Stengel, rundlichen Blättern, weißer Blütendolde, angenehm, süßlich duftend. Sie wächst in warmen Lagen, auf Wiesen und in Gärten. Anis blüht im Juli bis August. Gesammelt werden Samen und Kraut im September. *Sternanis* ist eine ostasiatische Gewürzpflanze.

ENTHÄLT:	Ätherisches Öl mit Anethol.
WIRKT:	Auswurffördernd, krampfstillend, verdauungsanregend, appetitanregend, magenerwärmend, schleimlösend.
VERWENDUNG:	Anistee bei Erkrankungen der Luftwege, Husten, Bronchialkatarrh, Kehlkopfkatarrh, Schlaflosigkeit.
SONSTIGES:	Gegen Schlaflosigkeit Samenkörner kauen. Anis auch zum Würzen genommen. Bitte lesen Sie Näheres im Heyne-Gewürzbuch.

Anis-Tee
Aufguß: 1 Teelöffel auf 1 Tasse Wasser, täglich 1 Tasse trinken.
Anistee ist ein Körnertee, er muß durchgesiebt werden. Danach wird er heiß getrunken. (Am besten 1 Tasse nach dem Essen.)
Sirup täglich 2mal 1 Eßlöffel,
Öl innerlich nur tropfenweise.

Abkochung
aus Samenkörnern.
Die Körner im Mörser zerdrücken, Wasser zum Kochen bringen, darin die Körner 10 Minuten kochen, durchsieben.

APFEL (Fructus malus)

Der Apfel blüht bis Mai und wird im Herbst gesammelt. Daraus wird nicht nur Tee hergestellt, sondern auch Apfelmost, Apfelwein. Sogar die Apfelblüten werden verwendet. Rohe Apfelschalen steigern die Harnsäureausscheidung, gebratene Äpfel sollten Sie bei Stuhlträgheit essen.

ENTHÄLT:	Natron, Phosphor, Vitamin A, B und C, Natrium, Pektin, Gerbstoff, organische Säuren.
WIRKT:	Stoffwechselfördernd, abführend, stopfend, nervenberuhigend, fieberwidrig.
VERWENDUNG:	*Apfelkur* bei Gicht, Nieren- und Blasenleiden, Verstopfung täglich vor den Mahlzeiten 1–2 rohe Äpfel, *Apfelmost oder Apfelwein* bei Nieren- und Blasensteinen, Gicht, Rheuma, *Apfelsaft* bei Erkältung, Husten, Heiserkeit, Bronchialkatarrh täglich 1–2 Gläser, *Apfelblütentee* bei Husten, Schnupfen, Fieber und Entzündungen.

Apfelschalentee (auch aus getrockneten Äpfeln)
1 Teelöffel frische Schalen auf 1 Tasse Wasser, 10 Minuten kochen, abgießen, mit Zucker oder Honig süßen. *Tee aus getrockneten Äpfeln und Schalen* (gibt es fertig im Reformhaus): 1 Teelöffel auf 1 Tasse kochendes Wasser, übergießen, 5 Minuten ziehen lassen.

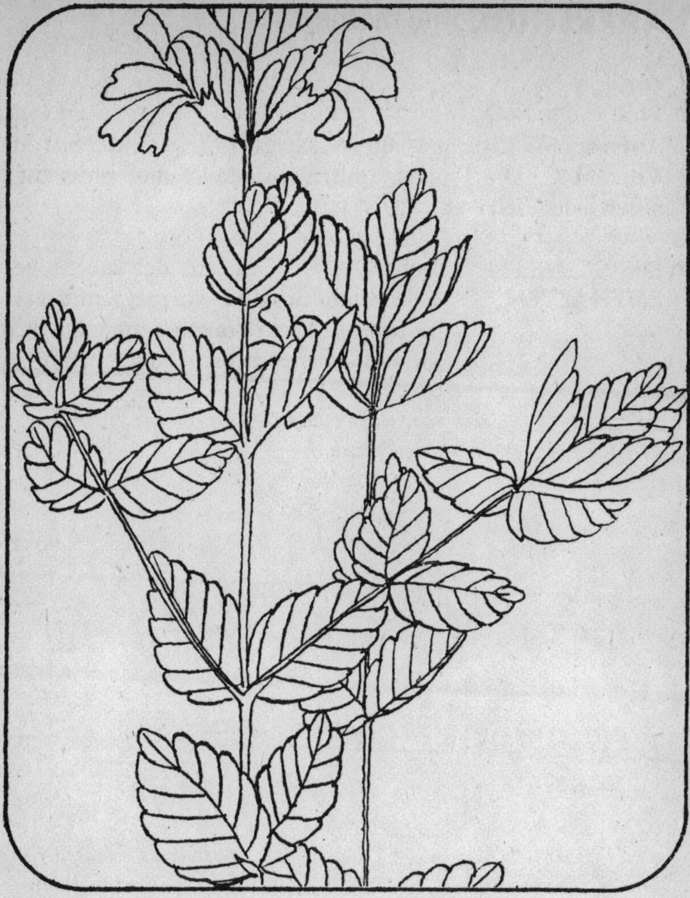

Wiesenaugentrost

APFELSINE

Orange

Apfelsinen-, Zitronen- und Grapefruitsäfte sind reich an Vitamin C. Die Früchte sollten ausgereift und nicht chemisch behandelt sein.

DIE SCHALEN ENTHALTEN: Ätheriche Öle, die aus der sauber gewaschenen Schale ausgepreßt und verwendet werden (Voraussetzung ist, daß sie nicht chemisch vorbehandelt ist).

ARNIKA (Arnica montana)

Kraftwurz
Mitterwurz
Ochsenblume

Arnika blüht auf Alpenmatten, Bergwiesen im Juni bis Juli. Sie hat eine große orangegelbe Blüte, duftet würzig und wird bis zu 60 cm hoch. Juni bis Juli werden auch die Blüten gesammelt, die Wurzeln im Frühjahr.

ENTHÄLT:	Ätherische Öle, Bitter- und Gerbstoffe.
WIRKT:	Anregend auf das Gefäßsystem, hautreizend, resorptionsfördernd, entzündungswidrig, schweiß- und harnabsondernd, beschleunigt den Blutkreislauf und die Atmung.
VERWENDUNG:	Meistens als *Arnika-Tinktur*. Bei Erschöpfungszuständen, Blutungen, Magengeschwüren, *äußerlich* bei Verletzungen, Entzündungen, Quetschungen, Verstauchungen, als *Gurgelwasser* bei Mandelentzündung, Heiserkeit.
SONSTIGES:	Nur mäßig und verdünnt nehmen – es können sonst Vergiftungserscheinungen auftreten. *Vorsicht:* Bei Erschöpfung verbunden mit großer Nervosität kein Arnika einnehmen!

Arnika-Tee
Aufguß der Blüten oder der Wurzel: $1/2$ Teelöffel auf 1 Tasse Wasser, täglich 1 Tasse.

Tinktur

innerlich	1–2 Tropfen auf 1 Tasse Wasser,
äußerlich	1 Teelöffel auf 5 Teelöffel Wasser,
zum Gurgeln	10–20 Tropfen auf 1 Tasse Wasser.

ATTICH (Sambucus ebulus)

Eppich
Zwergholunder

Der Attich wächst an Wald- und Wegrändern. Die weiße bis rosenrote Blüte riecht nach bitteren Mandeln und sitzt an einem aufrechten Stiel. Die Staude wird bis zu 1 1/2 m hoch. Früchte: Schwarze Beeren. Verwendet wird die Wurzel.

ENTHÄLT:	Gerbstoff sowie einen unerforschten Bitterstoff.
VERWENDUNG:	Bei Wassersucht.
SONSTIGES:	Bei Kindern können die Beeren Vergiftungen hervorrufen.

Attich-Tee
1/2 Teelöffel der Attich-Wurzel auf 1 Tasse Wasser, kurz aufkochen (nur jeweils eine Tagesdosis), abgießen.

AUGENTROST (Euphrasia officinalis)

Echter Augentrost
Hirnkraut
Spöttlich
Wiesen-Augentrost (Euphrasia rostkoviana)

Augentrost blüht Juli bis August (wird dann auch gesammelt) auf Wiesen, an Ufern und Waldrändern. Er hat eine weiße oder bläuliche Blüte, einen weichbehaarten Stengel, der bis 15 cm hoch wird. Verwendet werden die Blätter.

ENTHÄLT:	Bitterstoffe, Glykose, Aucubin, Gerbstoffe, ätherisches Öl.
WIRKT:	Verdauungsfördernd, zusammenziehend, entzündungswidrig.
VERWENDUNG:	Bei Husten, Heiserkeit, Gelbsucht, Magenbeschwerden, Nasenkatarrh, *äußerlich* bei eitrigen und überanstrengten Augen als Augenkompresse.

Augentrost-Tee
Abkochung: 1 Teelöffel auf 1 Tasse Wasser, täglich 1 Tasse.
Aufguß oder Absud: $^1/_4$ l Wasser auf 2 Eßlöffel Augentrost.

BÄRENTRAUBE (Arctostaphylos uva ursi)

Immergrüne Bärentraube

Die Bärentraube wächst in trockenen Kiefernwäldern. Ihre Blüten sind weiß und schwach rötlich, klein, in Trauben, die Äste bis zu 1 m lang.

ENTHÄLT:	Gerbstoffe, Arbutin, Phenolglykosid.
WIRKT:	Harntreibend und harndesinfizierend. keimtötend, zusammenziehend.
VERWENDUNG:	Bei Erkrankungen des Nierenbeckens, der Blase, bei Harnverhaltung, Harngrieß und Harnsteinen.
SONSTIGES:	Bei Genuß des Bärentrauben-Tees verfärbt sich der Urin.

Bärentrauben-Tee
Kaltwasserauszug: $^1/_2$ bis 1 Eßlöffel auf 1 Tasse Wasser, kalt ansetzen – bis zu 10 Stunden ziehen lassen, kurz aufkochen, abgießen, täglich 2 Tassen warm.

BALDRIAN (Valeriana officinalis)

Augenwurzel
Dreifuß
Gebräuchlicher Baldrian
Katzenkraut
Spickwurz

Baldrian wächst auf Abhängen, sumpfigen Wiesen, in Wäldern von Juni bis Juli mit kurzem Wurzelstock. Die Blüten sind doldig-rötlichweiß. Die Wurzel hat eine braune Außenrinde, die nach dem Trocknen kampferartig riecht. Verwendet wird die Wurzel, die im September bis Oktober gesammelt wird.

ENTHÄLT:	Ätherisches Öl, Alkaloide.
WIRKT:	Beruhigend, krampflösend, schlaffördernd.
VERWENDUNG:	Als Tee oder Tinktur bei nervösen Leiden, Migräne, Kopfweh, Neuralgien, Schlaflosigkeit, Depression, Schwäche, Blähungen, bei krampfartigen Zuständen in Herz, Magen, Darm, während der Wechseljahre.
SONSTIGES:	Schon in früheren Zeiten war die Baldrianwurzel als Heilmittel, als Gewürzpflanze und Parfümzusatz bekannt. Trinken Sie Baldrian nicht länger als 8 Tage hintereinander – legen Sie dann eine Pause von 8 Tagen ein.

Baldrian-Tee

Auf 1/4 l kochendes Wasser 3 g Baldrianwurzel, davon täglich höchstens verteilt 30 Tropfen. *Aufguß:* Pro Tasse Wasser 1 Teelöffel Wurzel, am besten kalt zubereitet.

Baldrian-Tinktur

1 Teelöffel auf 1/4 Glas warmes Wasser, mehrmals täglich, besonders abends vor dem Schlafengehen.

BASILIKUM (Ocinum basilicum)

Basilienkraut
Königskraut

Basilikum blüht mit einer kleinen weißen Traube von Juli bis August. Gesammelt werden das Kraut und der Samen im Sommer.

WIRKT:	Verdauungsfördernd, schweißabsondernd.
VERWENDUNG:	Gegen Blähungen, Blasen- und Nierenleiden, Magen- und Gallenleiden, Fieber, Würmer, *äußerlich* zur Wundbehandlung.
SONSTIGES:	Basilikum eignet sich auch für Gesichtsdampfbäder. Als Gewürz werden Sie es kennen.

Basilikum-Tee
Samen-Aufguß: 1 Eßlöffel auf 1/4 l abgekochtes kaltes Wasser (bei Fieber stündlich 1 Teelöffel des kalten Tees).

Eisgekühlter Basilikum-Tee
Sie überbrühen frisches oder getrocknetes Basilienkraut mit kochendem Wasser, lassen es 5 Minuten ziehen, sieben es durch, stellen es in den Eisschrank.
Sie können auch Blätter in Wein einweichen. Sie wirken verdauungsfördernd.

BEIFUSS (Artemisia vulgaris)

Gemeiner Beifuß
Wilder Wermut

Beifuß blüht im Juni bis September an Wegrändern, auf Hügeln, Mauern. Er wächst teils wild, teils angebaut und hat kleine gelbe oder rötliche Blüten. Er wird bis zu 1,40 m hoch. Verwendet werden seine Blütenknospen und Wurzeln.

ENTHÄLT: Bitterstoffe, ätherische Öle, Eucalyptol.

WIRKT: Krampfstillend, schweißtreibend, verdauungsfördernd.

VERWENDUNG: – auch in Pulverfom – bei Koliken, Durchfall, Erbrechen, schlechter Verdauung, Rheuma, Nervenschmerzen, allgemeiner Schwäche, chronischem Magenkatarrh.

SONSTIGES: Die Knospen werden auch zum Würzen verwendet.
Beifuß unterstützt die Verdauung bei fettem Fleisch und Geflügel, Fisch. Früher wurde dieses Kraut auch zum Würzen von Bier verwendet. Es ist außerdem Bestandteil von Wermut und Absinth. Ein gutes Würzmittel für Diabetiker!

Beifuß-Tee
Tee aus Blütenknospen oder Wurzeln – auch in Pulverform.
Aufguß: 1 Teelöffel auf 1 Tasse – 5 bis 10 Minuten ziehen lassen.
Abkochung: 5 g auf 1 Tasse – täglich 1 Tasse schluckweise.

Wurzelpulver
Täglich 1 Teelöffel auf 1 Tasse Wasser.

BENEDIKTENKRAUT (Cuicus benedictus)

Bitterdistel
Heildistel
Kardobenedikte

Das Benediktenkraut wird auf nicht zu trockenem Boden angebaut. Es blüht distelartig – blaßgelb – und wird bis zu 40 cm hoch.

ENTHÄLT:	Bitterstoff, Schleim, Gerbstoff.
WIRKT:	Auswurffördernd, harntreibend, verdauungsfördernd.
VERWENDUNG:	Bei Verdauungsstörungen, auch Magen- und Darm-Geschwüren, bei Leber- und Gallenstörungen, als Kräftigungsmittel nach Krankheiten. *Äußerlich* Abkochung und frischer Saft bei Verletzungen, Brandwunden, Geschwüren, Frostbeulen.
SONSTIGES:	Trinken Sie nicht zuviel davon, es ist sonst Erbrechen möglich.

Benediktenkraut-Tee
Aufguß: 1 Teelöffel auf 1 Tasse Wasser, täglich 1–2 Tassen – möglichst ½ Stunde vor der Mahlzeit.

BERBERITZE (Berberis vulgaris)

Beißbeere
Berberitzenbeeren
Essigdorn
Sauerdorn

Der Berberitzenstrauch wird bis zu 3 m hoch, wächst auf steinigem Boden in Wäldern. An den Zweigen sitzen Stacheln. Er blüht von Mai bis Juni als gelbe duftende Traube. Früchte sind rote Beeren. Gesammelt werden im Sommer bis Herbst die Wurzeln und Beeren.

DIE FRÜCHTE ENTHALTEN:	Vitamin C.
DIE WURZELN ENTHALTEN:	Berberin.
WIRKT:	In kleinen Mengen kreislaufanregend, galle- und harntreibend.
VERWENDUNG:	Sirup bei Lungen- und Leberleiden. Anregend auf Atmung, bei Gelbsucht, Steinbildungen, erhöht die Gallenabsonderung.
SONSTIGES:	Früher gab man Berberitze gegen Skorbut. Im 17. Jahrhundert wurde Marmelade aus Berberitzenbeeren in Frankreich hergestellt. Die Berberitzenwurzel ist die Basis vieler Arzneien.

Berberitzen-Tee
Abkochung der Wurzelrinde: $^1/_2$–1 Teelöffel auf 1 Tasse Wasser, täglich 1 Tasse.

Sirup
Täglich 1–2 Eßlöffel.

BIBERNELLE (Pimpinella saxifraga)

Bockspetersilie
Kleine Bibernelle
Pimpernell
Pimpinelle
Stein-Bibernelle

Bibernelle wächst auf Hügeln, Wiesen und an Wegrändern. Es gibt die *Kleine* und die *Große* Bibernelle. Beide Arten haben die gleiche Heilwirkung. Meistens wird die Kleine Bibernelle mit ihren dicken weißen Wurzeln und rötlichweißen Blüten genommen. Sie blüht von Juni bis Oktober, hat braune Früchte, riecht nicht sehr gut und schmeckt sehr scharf. Gesammelt werden im Sommer die Wurzeln.

ENTHÄLT: Ätherisches Öl, Gerbstoff.

WIRKT: Harn- und schweißtreibend, verdauungsfördernd, appetitanregend.

VERWENDUNG: Bei Entzündungen von Rachen und Kehlkopf, Angina, Bronchialkatarrh, Gicht, Durchfall, Heiserkeit, als Gurgelwasser verdünnen Sie die Tinktur 1:15.

Bibernelle-Tee

Abkochung: 1–2 Teelöffel auf 1 Tasse Wasser, einige Stunden kalt ziehen lassen, dann kurz aufkochen, täglich 1 bis 2 Tassen.

Tinktur

10 Tropfen auf Zucker oder 1 Teelöffel Wasser.

BIRKE (Betula alba)

Maye
Moorbirke
Pfingstmaye
Warzenbirke
Weißbirke

Die Birke wächst in Wäldern, auf Mooren und blüht im Frühjahr. Der Baum kann bis zu 25 m hoch werden. Blüten sind bräunliche Hängekätzchen mit hängenden oder aufrechten Zweigen und grünen Blättern. Gesammelt werden im Frühjahr und Herbst die Blätter, Rinde oder der Saft.

BIRKE ENTHÄLT:	Ätherisches Öl und Harz.
BIRKENRINDE:	Harz.
WIRKT:	Harn- und schweißtreibend, blutreinigend.
VERWENDUNG:	Bei Blasenkatarrh, lösende Wirkung bei Nierenleiden, Gicht, Rheuma, Wassersucht, chronischen Ausschlägen, bei Wechselfieber, *äußerlich* Packungen mit frischen Birkenblättern (schweißtreibend) bei Rheuma, *Birkensaft* bei Rheuma und Harnsäureerkrankungen, *Birkenteer* auch äußerlich bei chronischen Hautleiden.
SONSTIGES:	Das Anbohren des Birkenstammes zur Saftgewinnung ist nur mit Erlaubnis des Besitzers möglich. Haarwasserfabriken beziehen den Birkensaft aus eigenen Anpflanzungen.

Birkenblätter-Tee
1 Eßlöffel auf 1 Tasse Wasser, kurz aufkochen, ziehen lassen, ca. 1–2 Stunden, täglich bis zu 2 Tassen trinken.

Birkensaft Als Frühjahrskur empfohlen.

BITTERKLEE (Menyanthes trifoliata)

Fieberklee
Wasserklee

Von April bis Juli blüht der Bitterklee weiß, rötlichweiß an Sümpfen, Wiesengräben, Ufern. Er wird bis zu 30 cm hoch, hat einen langen kriechenden Wurzelstock. Verwendet werden seine Blätter.

ENTHÄLT:	Bitterstoffglykosid, Gerbstoff, Saponin.
WIRKT:	Drüsenanregend, appetitanregend.
VERWENDUNG:	Der Bitterstoff des Bitterklees geht in die Magensäure über – zu trinken bei Magen- und Darmkrämpfen, Sodbrennen, Magenschwäche, schlechter Verdauung, Blutarmut, Neuralgien, Erschöpfung.

Bitterklee-Tee
Aufguß: $1/2$ bis 1 Teelöffel auf 1 Tasse Wasser, täglich 1 bis 2 Tassen schluckweise.

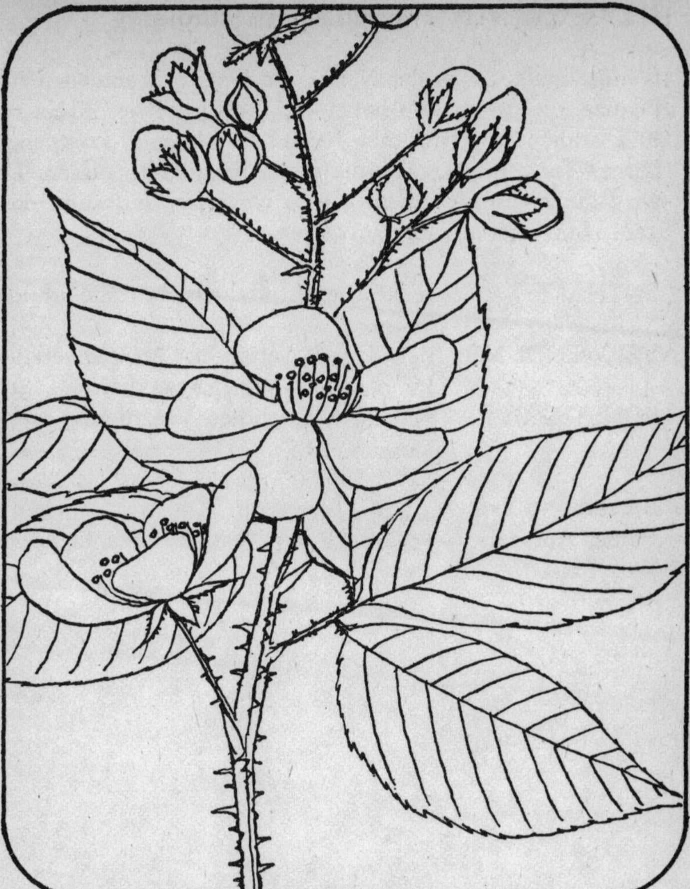

Brombeere

BLASENTANG (Fucus vesiculosus)

Die Braunalge ist in der Nord- und Ostsee zu finden. Eine Pflanze, die bis zu 1 m lang wird. Frisch ist sie olivbraun und schleimig, getrocknet braunschwarz und knorpelig. Dieser Tang trägt zahlreiche ovale luftgefüllte Blasen. Er wird durch Stürme an die Küste geworfen und kann das ganze Jahr über gesammelt werden.

ENTHÄLT:	Jod, Schleimstoffe, wirkt auf die Schilddrüse.
VERWENDUNG:	Bei Kropf, Fettsucht, Arterienverkalkung, Basedowscher Krankheit.
SONSTIGES:	Nur nach ärztlicher Verordnung trinken.

Blasentang-Tee

Heißer Aufguß: 1/2 Teelöffel auf 1 Tasse Wasser, täglich 1 bis 2 Tassen.

BOCKSHORNKLEE
(Triponella Foenum graecum)

Griechisches Heu
Hornklee
Schöne Grete

Der Bockshornklee kommt aus dem Orient, blüht gelblichweiß, hat zarte, hellgrüne Blätter. Er wächst auf Wiesen und zwischen Getreidefeldern, meistens wird er angebaut, duftet stark und wird bis zu 40 cm hoch.

ENTHÄLT:	Schleimstoffe, Saponin, Bitterstoff.
WIRKT:	Appetitanregend, kräftigend, verdauungsfördernd, erweichend, entzündungshemmend.
VERWENDUNG:	Bei Magerkeit, Lungenentzündung, Fieber, Katarrh der Luft- und Verdauungswege. Als Gurgelmittel bei Angina, Halsentzündung.
SONSTIGES:	Bockshornklee-Samenpulver regt den Appetit an. Schon Pfarrer Kneipp empfahl den Bockshornklee als auflösendes Mittel bei Geschwüren.

Bockshornklee-Tee
1 Teelöffel Samen auf 1 Tasse kalt ansetzen, einige Stunden ziehen lassen, kurz aufkochen, mit Honig süßen, davon täglich 2 bis 3 Tassen schluckweise kalt trinken.

Bockshornklee-Samen
3–4 Eßlöffel gestoßenen Samen in Wasser zu einem dicken Brei verrühren (mit oder ohne Essig), heiß werden lassen, dick auftragen: bei Furunkeln, Geschwüren, Abszessen, offenen Füßen.

BOHNE (Phaseolus vulgaris)

Gartenbohne
Gemüsebohne

Die Blüten der Stangenbohne – Juni bis August – haben verschiedene Farben: rötlich, lila, hellviolett, weiß oder gelblichweiß. Die Hülsen sind glatt. Die Pflanze wird bis 4 m lang. Im September werden die ausgereiften Hülsen gesammelt.

ENTHÄLT:	Trigonellin, Aminosäuren.
WIRKT:	Blutzuckersenkend, harnsäureausscheidend, harntreibend.
VERWENDUNG:	Bei leichter Zuckerkrankheit, Gicht, Rheuma, Nieren- und Blasenleiden, Wasseransammlungen, Hautunreinheiten (Gesichtsakne), *äußerlich Bohnenmehl* zum Pudern von nässenden und juckenden Ausschlägen.
SONSTIGES:	Bei Zuckerkrankheit muß jedoch die Insulin-Diätbehandlung im Vordergrund stehen. Rohe grüne Bohnen mit noch unreifen Samen nicht essen.

Bohnen-Tee

Abkochen der getrockneten, kleingeschnittenen Schalen: 1 Eßlöffel auf 1 Tasse Wasser, 10 Stunden kalt ziehen lassen, kurz aufkochen, täglich 2–3 Tassen schluckweise.

BOHNENKRAUT (Satureja hortensis)

Bergbohnenkraut (Satureja montana)
Pfefferkraut

Das Bohnenkraut kommt aus Südeuropa. Es ist seit dem 16. Jahrhundert bekannt als Heil- und Gewürzkraut. Verwendet werden die Blätter.
Bergbohnenkraut schmeckt derber.

ENTHÄLT:	Ätherisches Öl.
WIRKT:	Verdauungsfördernd, appetitanregend, magenstärkend.
VERWENDUNG:	Zerkleinerte Blätter bei Bienenstichen auflegen, lindert den Schmerz, vermindert die Schwellung, als Badezusatz stärkend bei Erschöpfung.
SONSTIGES:	Schon früher war das Bohnenkraut als Mittel gegen Verdauungsbeschwerden bekannt.

Bohnenkraut-Tee
1 Teelöffel auf 1 Tasse kochendes Wasser, aufgießen – 15 Minuten ziehen lassen.

BORRETSCH (Borrago officinalis)

Borrago
Gurkenkraut

Borretsch wächst oft wild auf Schuttplätzen oder im Garten. Er blüht Juni bis August. Verwendet wird die ganze Pflanze, die bis zu 60 cm hoch werden kann. Sie hat einen hohlen, saftigen Stengel, breite Blätter mit himmelblauer Blüte.

ENTHÄLT: Schleim, Saponin, Gerbstoff.

WIRKT: Schmerzlindernd, entzündungswidrig, harn- und schweißtreibend, blutreinigend.

VERWENDUNG: Bei beginnender Rippenfellentzündung, Rheuma.

SONSTIGES: Borretsch ist ein wunderbares Gewürz. Bitte lesen Sie Näheres darüber im Heyne-Gewürzbuch. Schon in der Antike hieß es, daß Borretsch den Menschen fröhlich stimme.

Borretsch-Tee

Aufguß der Blüten: 2 g auf 1 Tasse Wasser. *Kraut aufgießen:* 6 g auf 1 Tasse Wasser, täglich bis zu 2 Tassen Borretsch-Tee.

BRENNESSEL

Große Brennessel (Urtica dioica)
Kleine Brennessel (Urtica urens)

Die *Kleine Brennessel* wird bis zu 50 cm hoch. Die *Große Brennessel* wird meist über 1 m hoch. Sie blüht im Frühjahr – gesammelt wird sie im Sommer. Brennessel wird als Unkraut gesammelt, wächst überall. Die untere Seite der Blätter ist mit Brennhaaren besetzt. Sie blüht in weißlichen Trauben. Verwendet werden die jungen Blätter, Sprößlinge und Wurzeln.

ENTHÄLT:	Nesselgiftstoffe, Pflanzenhormone, Eisen, Kieselsäure, Mineralien.
WIRKT:	Hautreizend, harntreibend, stuhlfördernd, blutreinigend, blutstillend.
VERWENDUNG:	Bei Nieren- und Blasenleiden, Wassersucht, Ausschlägen, Blutungen aller Art. *Äußerlich als Tinktur* als Haarwuchsmittel. Hilft den Körper entschlacken. (Täglich einige Teelöffel *Saft* der frischen ausgepreßten Blätter einnehmen.) Als *Gesichtspackung* gegen Pickel und zur Belebung der Haut. Bei Leber-, Galle-, Darmbeschwerden.
SONSTIGES:	Brennesselsuppe ist im Frühjahr besonders kräftig. Durch das Kochen oder Übergießen mit heißem Wasser verlieren die Brennhaare ihre Wirkung. Brennesseln eignen sich als Diabetikerkost. Sie enthalten ein Salz, das den Körper nicht belastet. Die jungen Blätter ergeben ein spinatartiges Gemüse, auch als Beigabe zu Salaten. Auf keinen Fall nur Brennesselgemüse essen, immer mit anderen Gemüsen mischen.

Brennessel-Tee
Aufguß: 3 Eßlöffel auf 1 Tasse Wasser, täglich 2 Tassen trinken.

Saft
1 Eßlöffel mit 5 Eßlöffel Wasser verdünnen, teelöffelweise trinken, wirkt stoffwechselanregend, magenreinigend, reich an Vitamin A. Frisch ausgegrabene oder getrocknete Brennesselwurzeln wirken Juni bis Juli am kräftigsten.

Gesichtspackung
Junge Löwenzahn- und Brennesselblätter fein hacken, 10 Minuten leicht kochen, bis Sie eine dicke Masse haben. Mischung auf ein dünnes Mulltuch streichen und auf das mit warmen Kompressen vorbehandelte Gesicht legen. Die Augen werden mit nassen Wattebäuschchen geschützt. Nach 15 Minuten waschen Sie diese Packung mit lauwarmem Wasser ab.

BROMBEERE (Rubus fructicosus)

Echte Brombeere, Kratzbeere, Mohrenbeere

Die Brombeere blüht von Mai bis August als hoher dichter stacheliger Strauch, mit dornigen Blättern und weißen Blüten, auf Äckern, im Wald und an Hecken. Seine Früchte reifen im September – zuerst rötlich, dann braun, zum Schluß bläulich-schwarz. Gesammelt werden die Wurzeln, Blätter, Blüten und Früchte.

ENTHÄLT:	Gerbstoffe, Pektin.
WIRKT:	Zusammenziehend.
VERWENDUNG:	Abkochung bei Katarrh des Magen- und Darmkanals, Durchfall. *Brombeerblätter* sollen nur im Frühjahr gepflückt werden (ohne Stiele trocknen). Sie enthalten heilkräftige Substanzen. *Brombeerblüten-Tee* hilft als Gurgelwasser bei Halsentzündung, Entzündung von Mundhöhle und Zahnfleisch. *Brombeersaft* wirkt blutstillend, hilft bei fieberhaften Erkrankungen.

Brombeer-Blätter-Tee

1 bis 2 Eßlöffel auf 1 Tasse Wasser, abkochen, täglich 1 bis 2 Tassen schluckweise.

Badezusatz

Frisch gepflückte Blätter zerkleinern – 1/2 Pfund mit 3 l kochendem Wasser übergießen, abgießen, ins Badewasser geben.

Brombeer-Blätter-Packung

Frisch gepflückte Blätter in wenig Wasser breiig kochen, in ein Mulltuch geben, warm auf alle unreinen Stellen der Haut und des Gesichtes legen, 20 Minuten wirken lassen. Dazu trinken Sie Brombeer-Blätter-Tee.

BRUNNENKRESSE (Nasturtium officinale)

Bachkresse
Wasserkresse
Wiesenkresse

Die Brunnenkresse wächst an fließendem Wasser, an Bächen, Teichen und wird auch angepflanzt. Sie blüht von Mai bis September. Die Stengel liegen im Wasser mit kleinen runden Wurzelblättern. Brunnenkresse blüht weiß. Verwendet werden die Blätter, die im Frühling und Sommer gesammelt werden.

ENTHÄLT:	Senfölglykosid, Bitterstoff, Vitamin C.
WIRKT:	Harntreibend, blutreinigend, stoffwechselanregend, magenstärkend, schleimlösend, auswurffördernd.
VERWENDUNG:	Bei Nieren- und Lungenerkrankungen, Erkältung.
SONSTIGES:	Brunnenkresse-Salat mit Essig oder Zitrone und Öl für Nieren- und Lungenkranke. Vorsicht mit Brunnenkresse-Saft, er muß mindestens 1:5 verdünnt werden. Er kann sonst Störungen hervorrufen! Schwangere sollten Brunnenkresse meiden!

Brunnenkresse-Tee
Aufguß: 2 Teelöffel auf 1 Tasse Wasser, täglich bis 3 Tassen; *Absud* des getrockneten Krautes: 2 Eßlöffel auf $^1/_4$ l Wasser.

Saft
1 Teelöffel auf 10 Teelöffel Wasser, 3mal täglich.

DILL (Anethum graveolens)

Dillfenchel

Der Dill wird im Garten gesät, blüht Juni bis September und kann bis zu 1 m hoch werden. An seinem Stengel sitzen schmalgliedrige Blätter und eine gelbliche Blütendolde. Verwendet werden Samen und Blätter, die im Sommer gesammelt werden.

ENTHÄLT:	Ätherisches Öl mit Carvon und Limonen, Mineralien.
WIRKT:	Verdauungsfördernd, krampf- und schmerzlösend, appetitanregend, blähungstreibend.
VERWENDUNG:	Bei Blähungen und Magenschmerzen, Schlaflosigkeit, bei salzarmer Kost, auch für Diabetiker.
SONSTIGES:	Gegen schlechten Mundgeruch Samen oder Blätter zerkauen. Über die Heilkraft des Dill ist wenig bekannt. Er wird meistens als Gewürz genommen.

Dill-Tee

1 Teelöffel der Blätter auf 1 Tasse kochendes Wasser, davon täglich 2 Tassen.
1 Teelöffel zerdrückter *Dillsamen* auf 1 Tasse kochendes Wasser, heiß und ungesüßt trinken, wirkt gegen Übelkeit.

DOST (Origanum vulgare)

Dorant
Dosten
Oregano
Wilder Majoran

Dost blüht von Juli bis Oktober hell oder rötlich, wird bis zu 60 cm hoch, riecht würzig und wächst an Waldrändern, Wegen und Abhängen. Verwendet wird das während der Blüte gesammelte Kraut.

ENTHÄLT:	Ätherisches Öl mit Thymol, Gerbstoff.
WIRKT:	Krampflösend, schleimlösend, schweiß- und harntreibend, fäulniswidrig.
VERWENDUNG:	Bei Bronchialkatarrh, Asthma, Krampfhusten, Appetitlosigkeit, Blähungen, leichtem Magen- und Darmkatarrh.
SONSTIGES:	Dost eignet sich auch als Badezusatz.

Dost-Tee
Aufguß: 2 g auf 1 Tasse Wasser, davon täglich 2 Tassen.

Öl
Nur tropfenweise einnehmen.

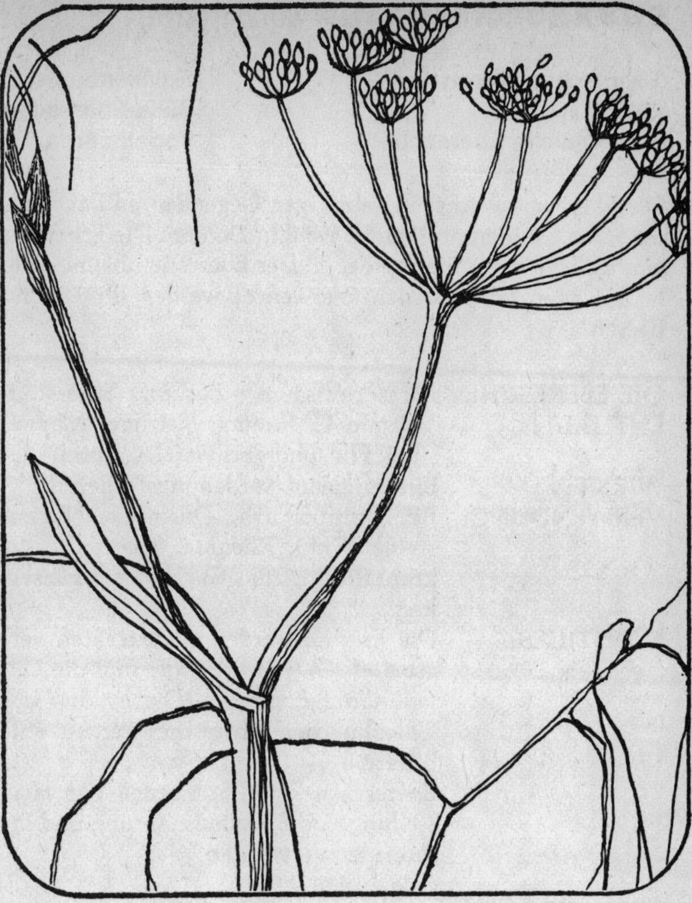

Fenchel

EBERESCHE (Sorbus auscuparia)

Ebereschenbeeren	**Quickenbeere**
Faulesche	**Süße Eberesche**
Gewöhnliche Eberesche	**Vogelbeeren**

Die Eberesche wächst in gebirgigen Gegenden, in Laubwäldern, am Straßenrand, blüht weiß in Dolden. Die Frucht ist eine gelbe bis orangerote Beere. Der Ebereschenbaum kann bis zu 15 m hoch werden. Verwendet werden Blüten und Beeren.

DIE EBERESCHE ENTHÄLT:	Parasorbinsäure, Zucker, Bitterstoff, Vitamin C, Kalium, Kalzium, Magnesium, Phosphor, Schwefel, Carotin.
WIRKT:	Blutreinigend, verdauungsfördernd.
VERWENDUNG:	Bei Darmkatarrh, Durchfall, Nierensteine, Gicht, Rheuma, fieberhafte Erkrankungen, zum *Gurgeln* bei Heiserkeit.
SONSTIGES:	Die Früchte werden zu Extrakten verarbeitet. Es gibt die *Süße* und die *Gewöhnliche Eberesche.* Die Früchte der Gewöhnlichen Eberesche werden entbittert. Ebereschen-Extrakte werden zur Herstellung von Säuglingsnahrung und Limonaden verwendet.

Ebereschen-Saft
Frischer Saft – auch Sirup, täglich öfters 1 Teelöffel.

Getrocknete Beeren
Täglich 2–3 essen.

Blüten kurz aufgekocht
Eignen sich als Frühstückstee.

EBERWURZ (Carlina acaulis)

Kleine Wetterdistel
Golddistel
Silberdistel
Wilde Artischocke

Die Eberwurz wächst an trockenen Plätzen, Gebirgswiesen und auf Kalkboden. Die Pflanze ist gesetzlich geschützt. Sie hat silberweißglänzende Blätter, einen kurzen Stengel, der bis zu 40 cm hoch wird, gelblichweiße Blüten von Juni bis September. Verwendet werden die Wurzeln.

ENTHÄLT:	Ätherisches Öl, Gerbstoff, Inulin.
WIRKT:	Harn- und schweißtreibend, wurmwidrig, antibakteriell, magen- und nervenstärkend.
VERWENDUNG:	Tinktur, Pulver oder Tee bei Wassersucht, Nieren- und Magenleiden, Bronchitis, Verschleimung der oberen Luftwege.
SONSTIGES:	Zu große Mengen sind schädlich! Die *Golddistel* und die *Kleine Wetterdistel* werden nicht verwendet.

Eberwurz-Tee
Abkochung: 1 Teelöffel auf 1 Tasse Wasser, kurz aufkochen, durchsieben, davon täglich 1–2 Tassen.

Pulver
2 Messerspitzen auf 1 Tasse Wasser.

Tinktur
2mal täglich 15 Tropfen auf 1 Eßlöffel Wasser.

EIBISCH (Althaea officinalis)

Althee-Wurzel
Ibisch
Samtpappel

Eibisch blüht von Juli bis August auf feuchtem Boden, an sonnigen Waldrändern, am Meeresufer und an salzhaltigen Stellen wild, wird aber auch im Garten angepflanzt. Der Stengel wird bis zu 1,50 m hoch, hat weiche behaarte Blätter und weiße oder rosafarbene Blüten.

ENTHÄLT: Schleim.
WIRKT: Reizmildernd, schmerzstillend, einhüllend.
VERWENDUNG: Tee bei Husten, Heiserkeit, Bronchitis, bei Erkrankungen des Magens und der Harnorgane, Durchfall, Kolik,
als *Gurgelwasser* bei Mundschleimhautentzündungen,
als *Auflage* bei Geschwüren und Entzündungen.

Eibisch-Tee
Eibisch ist eine schleimlösende Pflanze, die nicht gekocht werden darf, sondern nur heiß überbrüht wird. Die Wurzel wird über Nacht kalt angesetzt, 1 Eßlöffel auf 1 Tasse Wasser, leicht anwärmen, abseihen und warm trinken, täglich 3mal 1 Tasse.

Sirup
Täglich mehrmals 1 Eßlöffel.

EICHE (Quercus pendunculata Ehrh.)

Ferkeleiche
Sommereiche
Stieleiche
Wintereiche
Steineiche
Traubeneiche

Die Eiche ist ein wuchtiger Baum mit rissiger Rinde, dunkelgrünen Blättern und blüht im Frühjahr. Sie kann bis zu 50 m hoch werden und wächst in Wäldern. Es gibt Stieleichen, Sommer- und Wintereichen, Stein- und Traubeneichen. Verwendet werden junge Blätter, die Rinde, Zweige oder junge Stämme und die Früchte (die Eichel).

ENTHÄLT:	Gerbstoffe (Tannin), Gallussäure, Harz, Fett, Gummi, Zucker, Kochsalz, Eichenrindenbitter.
WIRKT:	Zusammenziehend, leicht stopfend, blutstillend, schmerzlindernd.
VERWENDUNG:	Bei Blutungen, Magen- und Darmentzündung, Durchfall, Ruhr, zu starker Menstruation, *Absud von Eichenrinde* bei Magen- und Darmschleimhautentzündung, Bluthusten, bei Darmgeschwüren, Leberschwellung, Nierenentzündung, bei Vergiftungen von Pilzen, Nikotin, Giftpflanzen – bis der Arzt da ist. *Äußerlich* bei Brandwunden, Fußschweiß, Frostbeulen, Geschwüren, blutenden Hämorrhoiden. *Zum Gurgeln* bei Zahnfleischentzündung.

Eichenblätter-Tee

Wirkt harntreibend und magenstärkend. Die Eichenblätter pflückt man im Mai bis Juli und trocknet sie im Schatten. 2 Teelöffel auf 1 Tasse Wasser, täglich bis zu 2 Tassen, als Aufguß zubereiten. Eignet sich als *Badezusatz* und als *Gurgelwasser*.

Eichenrinden-Abkochung

1–2 Teelöffel auf 1 Tasse Wasser, täglich bis zu 2 Tassen trinken.

Eichen-Samen

Geröstete und gepulverte Eicheln geben Sie bei Verdauungsbeschwerden, Blutarmut, älteren Menschen bei chronischen Katarrhen. Eignet sich als Eichelkaffee oder Eichelkakao auch bei Durchfall oder Blutarmut.

EISENKRAUT (Verbena officinalis)

Die Pflanze wurde schon im Altertum geschätzt. Bei uns blüht sie im Sommer rötlich-violett auf trockenen Wiesen, Hängen, an Waldrändern, in Wäldern und wird bis zu 60 cm hoch. Verwendet werden die Blätter und Wurzeln, die im Sommer gesammelt werden.

ENTHÄLT: Glykoside, ätherisches Öl, Gerb- und Bitterstoff.

WIRKT: Harntreibend, reinigend und stärkend auf die Augen.

VERWENDUNG: Bei entzündeten Augenlidern, Erschöpfungszuständen, klimakterischen Beschwerden, Bleichsucht, Stein- und Grießleiden, Kopfschmerzen, Schwächezuständen, Nervenschwäche, Stauungen in Leber, Milz und Nieren, Schlaflosigkeit.
Äußerlich zum Gurgeln bei Mund- und Halserkrankungen, Mundgeruch.
Auflagen: Bei Wunden und Geschwüren.

Eisenkraut-Tee

1 Teelöffel auf 1 Tasse, täglich 2–3 Tassen davon trinken.

ENZIAN (Gentiana Lutea)

Bitterwurz **Edler Enzian**
Branntweinwurz **Hochwurz**

Auf mageren Wiesen und Weiden sowie auf Alpenwiesen im Gebirge wächst der gelbblühende oder rotgefleckte Enzian – Juli/August –, dessen Wurzel 1 m lang und 6 kg schwer werden kann. Im Sommer wird die Wurzel gesammelt.

ENTHÄLT:	Bitterstoffe.
WIRKT:	Anregend auf Drüsen des gesamten Verdauungskanals, stärkend, gärungswidrig.
VERWENDUNG:	Bei Magenschwäche, Appetitlosigkeit, schlechter Verdauung, Gallenstauung, Blutarmut, Ohnmacht, leichten Anfällen von Herzschwäche.
SONSTIGES:	Dre starke Bittergeschmack hat einen guten Einfluß auf Kreislauf und Nerven. Nicht einnehmen bei erhöhtem Blutdruck, Neigung zu Blutstauungen, Magen- und Nasenbluten.

Enzian-Tee

Abkochung: 1 Teelöffel auf 2 Tassen kochendes Wasser, übergießen, ziehen lassen, abgießen. Täglich 1–2 Eßlöffel.

Pulver

1 kleine Messerspitze täglich 3mal, jeweils vor dem Essen.

Tinktur

Die Wurzel auf Branntwein mit Honig ansetzen, jeweils 15 Tropfen auf Wasser, bei Nervenschwäche. – 1 Teelöffel Tinktur auf $^1/_2$ Glas warmes Wasser bei Übelkeit, Magendrücken, Ohnmacht.

ERDRAUCH (Fumaria officinalis)

Gewöhnlicher Erdrauch

Erdrauch wächst auf Feldern und in Gärten, gepflückt wird er Mai bis Juli. Er blüht rot bis dunkelrot in Trauben. Sein ästiger Stengel wird bis zu 40 cm hoch. Gesammelt werden die Blätter.

ENTHÄLT:	Alkaloid Fumarin.
WIRKT:	Blutreinigend, verdauungsfördernd.
VERWENDUNG:	Bei Leberbeschwerden, Gelbsucht und Gallenbeschwerden (Gallensteinen, Gallenblasenentzündung), Hämorrhoiden, Hautleiden (besonders Ekzeme), *äußerlich* bei Hautausschlägen.
SONSTIGES:	Bitte beachten Sie: Der Erdrauch-Tee sollte nicht länger als 8 Tage hintereinander getrunken werden, dann wieder 8 Tage unterbrechen. Das Alkaloid Fumarin wirkt bei starken Gaben giftig! In der Antike wurde der Erdrauch gegen Depressionen gegeben.

Erdrauch-Tee
Aufguß aus getrockneten Blättern: 5 g auf 1 Tasse Wasser, täglich 1 Tasse schluckweise.

FARNKRAUT (Aspidium filix-mas)

Farnwurzel
Schnackenkraut
Otterkraut
Teufelsklaue
Gewöhnlicher Wurmfarn (Dryopteris filix-mas)

Das Farnkraut wächst in feuchten Wäldern und Gebüschen. Es hat keine Blüten, sondern auf der Blattunterseite braune Sporenhäufchen, die Stengel glänzen braun. Der Wurzelstock ist mit Schuppen besetzt. Die Pflanze wird bis zu 1 m hoch Die Blätter wachsen in Wedeln. Gesammelt werden im Herbst die Wurzeln und der Samen.
Im Sommer gesammelte Wurzeln sind wertlos!
Die Wurzel wird vor den markigen Teilen abgeschnitten, gereinigt und im Dunkeln getrocknet.

ENTHÄLT:	Ätherisches Öl, Gerb- und Bitterstoffe.
WIRKT:	Krampferregend, schädigen Kreislauf und Atmung. Bei Überdosierung treten Vergiftungen auf!
VERWENDUNG:	Abkochung des zerkleinerten Wurzelstockes nur *äußerlich* verwenden. Pulver nicht lange liegen lassen! Zu Fußbädern bei Krampfadern, Gicht, Rheuma, Wurmkur.
SONSTIGES:	Möglichst nur auf ärztliche Anordnung nehmen!

Farnkraut-Tee
Das Farnkraut-Pulver der getrockneten Wurzel ist ein gutes Mittel gegen Würmer. Nur in kleinen Mengen 2 Tage hintereinander nehmen. Am dritten Tag Abführmittel nehmen.

FAULBAUM (Rhamnus frangula)

Stinkstrauch
Teufelsbeere
Zapfenholz

Der Faulbaumstrauch wächst in Wäldern und Gebüschen bis zu 3 m hoch. Er blüht grünlichweiß von Mai bis Juni, hat glatte, gefleckte Blätter mit schwarzblauen Beeren. Die bitterschmeckende Rinde sollte ebenfalls von Mai bis Juni gesammelt werden. Vor Gebrauch muß sie aber 1 Jahr alt sein.

ENTHÄLT:	Gerbstoff, Saponin, Emodinglykoside.
WIRKT:	Abführend mit anhaltender Wirkung.
VERWENDUNG:	Bei Verstopfung und Kopfdruck, Schwindel, Kurzatmigkeit, bei Leber- und Milzleiden.
SONSTIGES:	Nicht zu große Mengen und zu lange Anwendung, zwischendurch immer wieder Pausen einlegen.

Faulbaum-Tee
Abkochung kalt ansetzen – 1 Teelöffel auf 1 Tasse Wasser, kurz aufkochen, durchsieben, täglich abends 1 Tasse trinken. Bei längerem Gebrauch täglich nicht mehr als 10 g nehmen.

Es gibt außerdem *Sirup* und *Fluid-Extrakt*.

FENCHEL (Foeniculum vulgare Miller)

Brotsamen
Fenkel
Frauenfenchel

Fenchel wächst im Garten, manchmal auch wild an Wegen in Weinbergen, wird bis zu 1,50 m hoch und hat dunkelrote geschlitzte Blätter mit einer kleinen goldgelben Blume. Die Frucht ist länglich und duftet würzig. Sie blüht Juli bis August. Gesammelt werden im September/Oktober Blätter und Samen.

ENTHÄLT:	Ätherisches Öl mit Anethol und Fenchon.
WIRKT:	Auswurffördernd, drüsenanregend, krampfstillend, blähungstreibend, krampflösend, reinigt Schleimhaut und Darm, appetitanregend.
VERWENDUNG:	Bei Keuchhusten und Bronchialkatarrh, Magen- und Darmkatarrh, Blähungen, Koliken, als Gurgelwasser. *Äußerlich* als Augenwasser gegen entzündete Augenlider, tränende Augen, stärkt und verbessert das Sehvermögen – in Form von Augenbädern und Augenkompressen. Hilft bei Koliken bei Kleinkindern. Eignet sich zu Gesichtspackungen (Fencheltee und Honig) gegen Falten.
SONSTIGES:	Fenchel in Milch gekocht, wirkt am besten bei Jodvergiftung. Würzen Sie Ihre Gerichte mit Fenchel!

Fenchel-Tee
Aufguß: 1 Teelöffel auf 1 Tasse Wasser, täglich 1–2 Tassen. Entweder aus Fenchelblättern oder zerdrückten Fenchelsamen.

Fenchel-Öl
Auf Zucker geben, gegen Heiserkeit und Halsschmerzen.

Fenchelhonig
1 Eßlöffel Honig auf 1 Teelöffel Fenchelöl – gegen Heiserkeit und Husten.

Augenwasser-Absud
$^1/_2$ Eßlöffel Pulver auf $^1/_4$ Liter Wasser, heiß übergießen, täglich dreimal damit die Augen baden. Erst nach einer Stunde wieder an die Luft gehen!

Fenchel-Packung
Quark, Joghurt oder Heilerde, dazu ein starker Aufguß aus Fenchelsamen oder Fenchelkraut, Honig. Glättet und stärkt alternde Haut, lindert Hautentzündungen.

FICHTE (Picea excelsa)

Pechtanne	**Rottanne**
Rotfichte	**Schwarztanne**

Die Fichte ist eine der wichtigsten deutschen Bäume, sie blüht im Frühjahr. Ihr Stamm kann bis zu 60 m hoch werden. Die Rinde ist rauh, die Nadeln sitzen dicht am Zweig, die Zapfen wachsen abwärts vom Zweig im Herbst. Im Frühjahr fallen sie ab, kurz nachdem der Samen durch den Wind verweht wurde. Gesammelt werden die Nadeln und Zapfen sowie die hellgrünen Sprossen (die sogenannten Maitriebe).

ENTHÄLT: Ätherisches Öl mit Terpenen.

WIRKT: Haut- und schleimhautreizend, durchblutungs- und harnfördernd, krampflösend, schweißtreibend, besonders bei Frühjahrsmüdigkeit zu empfehlen.

VERWENDUNG: *Fichtennadelspiritus* eignet sich zum Einreiben bei Gicht und Rheuma.
Bäder mit Sprossen oder Extrakt bei Gicht, Rheuma, Erschöpfung, Nervenschwäche.
Tee bei Stoffwechselstörungen, Ausschlägen, schlecht heilenden Wunden.

SONSTIGES: Vorsicht vor Überdosierung. Nicht länger als 8 Tage trinken, dann pausieren.

Fichten-Tee

Abkochung: 75 g Sprossen auf 1 l Wasser, einige Stunden einweichen, kochen, 10 Minuten ziehen lassen, mit Honig oder Kandis süßen, täglich davon 1–2 Tassen bei Asthma, Keuchhusten, Katarrh der Luftwege.

Absud als Badezusatz

Fichtennadeln, ca. 1 kg, oder kleingehackte Zapfen mit 3 l Wasser ansetzen und 30 Minuten kochen, bei Rheuma, Gicht, Gelenkentzündungen.

Färber-Ginster

FRAUENMANTEL (Alchemilla vulgaris)

Gemeiner Frauenmantel
Gewöhnlicher Frauenmantel
Jungfernmantel
Löwenfuß
Sinäuglein
Wiesen-Frauenmantel

Der Frauenmantel wächst auf feuchten Wiesen und an Waldrainen und wird bis zu 30 cm hoch. Er blüht von Mai bis September mit einer grünlichen Blüte. Den Namen erhielt der Frauenmantel durch seine Blattform, die an einen Mantel erinnert. Gesammelt werden im Juni/Juli die Blätter.

ENTHÄLT:	Gerbstoffe.
WIRKT:	Zusammenziehend, stopfend, blutstillend.
VERWENDUNG:	Wirkt regulierend auf die Menstruation in den Wechseljahren, bei Darmkatarrh, Durchfall, inneren Blutungen vor und nach der Geburt. *Äußerlich* als zerquetschtes Kraut bei Wunden, Geschwüren, bei entzündeter Haut und Akne.

Frauenmantel-Tee

Absud: 1 Eßlöffel zerschnittenes Kraut mit 1 Tasse Wasser aufkochen, ziehen lassen, abgießen, davon täglich 1 bis 2 Tassen warm trinken. Zu Kompressen.
Aufguß: Gegen Entzündungen – 3 Teelöffel auf 1 Tasse Wasser.

Saft

Frisch gepreßt, soll gegen Sommersprossen helfen.

GINSTER (Genista tinctoria)

Besenginster (Sarothamnus scoparius)
Deutscher Ginster
Färberginster
Goldkraut

Der Färberginster

wächst auf Heiden, in lichten Wäldern, ähnlich dem Deutschen Ginster. Der Unterschied entsteht hauptsächlich durch die Behaarung der Blütenzweige, Hülsen und Dornen. Er blüht goldgelb und wird bis zu 60 cm hoch.

FÄRBERGINSTER

ENTHÄLT:	Cytisin u. a. Alkaloide.
WIRKT:	Harn- und schweißtreibend, verdauungsfördernd, schleim- und steinlösend, kreislaufverbessernd.
VERWENDUNG:	Bei Gicht und Rheuma, Wassersucht, niedrigem Blutdruck, Grieß-, Stein- und Blasenleiden, Verstopfung. Bei Herzschwäche nur auf ärztliche Verordnung.

Besenginster

Er wächst in Wäldern, an Waldrändern, auf Weiden, besonders auf Sandboden. Die Pflanze hat große goldgelbe Blüten und wird bis zu 2 m hoch.

BESENGINSTER

ENTHÄLT:	Spartein und andere Alkaloide.
WIRKT:	Kreislaufbeeinflussend, harntreibend, darmreizend.
VERWENDUNG:	Als Kreislauf- und Wehenmittel. Nur nach ärztlicher Verordnung.

GOLDRUTE (Solidago virga aurea)

Gewöhnliche Goldrute
Goldraute

Dieses kleine rankenförmige Kraut (wird bis zu 1 m hoch) mit den nierenförmigen Blättern und goldgelben Blüten wächst auf Waldwiesen, an Wegrändern und blüht Juli bis Oktober. Gesammelt wird es August bis September. Verwendet werden die oberen Teile der blühenden Pflanze.

ENTHÄLT:	Saponine.
WIRKT:	Harntreibend, blutreinigend.
VERWENDUNG:	Bei Nierenentzündung, chronischen Nieren- und Blasensteinen, Harngrieß, Harnverhaltung, Hautausschlägen.
SONSTIGES:	Schon früher waren die frischen und zerquetschten Blätter und das getrocknete, gepulverte Kraut ein Wundmittel.

Goldruten-Tee
Aufguß: 25 g auf 1/4 l Wasser, als Gurgelwasser bei Mund- und Rachenhöhlenerkrankungen.
Abkochung: 1 Eßlöffel auf 1 Tasse Wasser, 1 Minute kochen lassen, dann 10 Minuten ziehen lassen, abseihen, davon täglich 1–2 Tassen.

Goldruten-Tinktur
30–40 Tropfen mehrmals täglich.

GREISKRAUT (Senecio vulgaris)

Gemeines Greiskraut
Gewöhnliches Greiskraut
Kreuzkraut

Das Greiskraut wächst in Weinbergen, an Mauern, auf Schuttplätzen. Ursprünglich wuchs es im Mittelmeergebiet. Die Pflanze blüht fast das ganze Jahr, Höhepunkte der Blüte sind März bis Mai, Juli bis August, Oktober bis November. Das Greiskraut gilt als Unkraut, es wird bis zu 30 cm hoch und hat kleine gelbe Blüten. Gesammelt werden die Blätter.

ENTHÄLT: Alkaloide, besonders in der Wurzel.
VERWENDUNG: *Innerlich* bei Koliken, Nieren- und Leberleiden,
äußerlich als frisches zerquetschtes Kraut oder als Abkochung bei Nasenbluten, Geschwüren, Furunkeln, Hämorrhoiden.

Greiskraut-Fluidextrakt
Zum Einnehmen eignet sich dieser Extrakt am besten – täglich bis zu 3 g.

HAFER (Avena sativa)

Haber

Der Hafer wächst und blüht im Juli auf Feldern. Fruchtreife ist August bis September. Gesammelt werden Frucht und Stroh.
Hier die verschiedenen *Verwendungsmöglichkeiten* des Hafers:

HAFERDIÄT:	Geeignet für Zuckerkranke, Gallenkranke, Magen- und Darmgeschwüre, Gastritis, Verstopfung.
TEE AUS HAFERSTROH:	Bei Blasenerkrankungen, Blasenschwäche, Nierenleiden, bei Husten, Keuchhusten, Darm-, Leber-, Lungen- und Milzleiden, Schlaflosigkeit, Kehlkopf- und Rachenkatarrh.
HAFERSTROH-BÄDER:	Bei Leberkranken, Gicht, Rheuma, Fußbäder bei Erschöpfung oder kalten Füßen.
HAFER-ROHKOST:	Aus Haferflocken, mit Obst, Honig, Nüssen – nur kleine Mengen.
SONSTIGES:	Hafer hat eine stopfende Wirkung, die bei Zuckerzusatz entfällt. Haferspeisen wirken stärkend und aufbauend.

HAGEBUTTE (Rosa canina)

Heckenrose
Hundsrose
Weinrose
Wilde Hundsrose

Dieser dornige Strauch wird ca. 3 m hoch. Seine Zweige und Stengel sind stachelig, haben rosa Blüten (Röschen) und später eine orangefarbige bis rote Frucht. Der Strauch steht an Zäunen, Waldrändern. Er blüht im Juni – die Frucht wird Juni bis Herbst gesammelt.

ENTHÄLT:	Mineralstoffe wie Kalium, Kalzium, Magnesium, Phosphor, Aluminium, an Vitaminen Carotin, Vitamin B_1, B_2, C. Hagebutten sollen viel mehr Vitamin C enthalten als Apfelsinen und Zitronen.
WIRKT:	Harntreibend, unterstützt die Funktion der Gallenblase.
VERWENDUNG:	*Tee* wirkt vorbeugend bei Erkältungs- und Infektionskrankheiten. *Kerne* sind empfehlenswert bei Rheuma, Gicht, Ischias, Nierenleiden. Sie müssen aber 1 Stunde gekocht werden.
SONSTIGES:	Die Hagebutte ist ein Rohstoff für Fruchtsäfte, Mark und Marmelade. In verschiedenen europäischen Ländern wird aus Hagebutten ein Püree für Süßspeisen zubereitet.

Hagebutten-Tee
Wird aus den ganzen Früchten zubereitet – also aus den Schalen und Kernen, nachdem der Kopf und Stiel entfernt wurden. Vorsichtig trocknen, damit sie ihre ursprüngliche rote Farbe behalten!

Den Tee gibt es (z. B. im Teebeutel) auch fertig zu kaufen, süßen Sie ihn mit braunem Zucker oder Honig, auch mit Fruchtzucker.
Hagebutten-Schalen 10 Minuten kochen, ergeben einen vitaminreichen Tee.

Hagebutten-Sirup
Gibt es auch fertig zu kaufen, und zwar einen mit Vitamin C vermischten Extrakt, der sehr gesund für Babies ist.

Hagebutten-Tinktur
Ist bekömmlich für den Magen. Geben Sie 1 Handvoll Hagebutten auf $^3/_4$ l Branntwein, längere Zeit stehen lassen.

Echte Kamille

HAUSWURZ (Sempervivum textorum)

Dornkraut
Wetterwurz
Wilder Rhabarber

Hauswurz wächst auf felsigem Boden, in den Alpen, im Garten. Die Blüte ist rötlich-weiß mit dicken fleischigen Blättern. Sie blüht im Sommer und wird da auch gesammelt. Zu verwenden sind die Blätter.

ENTHÄLT:	Gerb- und Schleimstoffe, Apfelsäure.
WIRKT:	Harntreibend, krampfstillend, entzündungswidrig, kühlend und zusammenziehend.
VERWENDUNG:	*Tee* und *Saft* bei ruhrartigen Durchfällen, als wurmtreibendes Mittel, *äußerlich Saft, Salbe oder zerquetschte frische Blätter* bei Brandwunden, Hautentzündung und Geschwüren.

Hauswurz-Tee
Aufguß der Blätter: Auf wenige Blätter 1 Tasse Wasser, davon stündlich 1 Eßlöffel.

Hauswurz-Saft
ca. 10 Tropfen mehrmals täglich.

HEIDELBEERE (Vaccinium myrtillus)

Bickbeere
Blaubeere
Schwarzbeere

Die Heidelbeere wächst als bis 50 cm hoher Strauch mit grünen Blättern und weißer Blüte in Wäldern, an Waldrändern im Mai bis Juni. Die Früchte sind schwarz bis graublau – eine leckere Waldfrucht, trotz der schwarzen Zähne, die es nach dem Essen gibt. Gesammelt werden im Juli die Blätter, Früchte, Wurzeln.

PFLANZE UND BLÄTTER ENTHALTEN:	Hydrochinon, Arbutin und andere Glykoside.
WIRKT:	Harndesinfizierend, schwach blutzuckersenkend, zusammenziehend, stuhlregulierend, krampflösend, appetitanregend.

DIE FRUCHT ENTHÄLT:	Gerbstoffe, Pektin.
WIRKT:	Durchfallwidrig.
VERWENDUNG:	Blätter-Abkochung bei Mundfäule, Blasenkatarrh, als *Gurgelmittel* bei Halserkrankungen, Zahnfleischentzündung, *äußerlich* der frische Heidelbeersaft zu Auflagen bei Wunden und Ausschlägen, *Saft innerlich* öfters schluckweise bei Verdauungsstörungen. *Frucht* getrocknet auch bei Durchfall, Ruhr. *Heidelbeerwein* stärkt Magen und Darm. Er saugt die Giftstoffe auf und leitet sie ab. Heidelbeeren mit Zimt und Nelken erhitzt, sind gut gegen Durchfall und Magen- und Darmerkrankungen.

Heidelbeer-Blättertee

Abkochung: 1 Eßlöffel auf 1 Tasse Wasser, täglich davon 1 bis 2 Tassen, schluckweise.

Die Frucht

Gibt es auch als Mus und Saft fertig zu kaufen im Reformhaus.

Beeren

Vorsichtig trocknen. 1 Eßlöffel getrocknete Beeren einige Stunden einweichen, 1 l kochendes Wasser darübergießen, 10 Minuten kochen, 10 Minuten ziehen lassen, durchsieben, heiß trinken, ohne Zucker.

HEUBLUMEN (Flores graminis)

Heublumen sind Abfälle von Heulagern, bestehend aus verschiedenartigen Blättern, Blüten und Samen. Sieben Sie die Heublumen vor Gebrauch, um größere Pflanzenteile auszusortieren.

WIRKEN: Auflösend, stärkend.

VERWENDUNG: Für *Fußbäder* bei erfrorenen Füßen, Schweiß, Quetschungen, Blutergüssen, für *Vollbäder* bei Rheuma, Gicht, bei Stoffwechselerkrankungen, Nerven- und Hautleiden, Erkältung, Magen- und Darmkatarrh, Gallensteine, Leberleiden.
Säckchen mit Heublumen, die vorher 10 Minuten in siedendem Wasser lagen, dienen als Auflage bei Geschwüren, Furunkeln.

SONSTIGES: Der Arzt muß die Dauer der Behandlung festlegen.
Und noch etwas: Die Heublumen verlieren nach einem Jahr Lagerung ihre Heilkraft. Sie dürfen nur trocken verwendet werden, nicht muffig oder schimmelig!

Heublumenextrakt

In 2 l kaltes Wasser schütten Sie 500 g Heublumen, setzen sie kalt auf, erwärmen lassen – zweimal kurz aufkochen – 20 Minuten ziehen lassen.

HIBISCUSBLÜTE (Hibiscus rosa sinensis)

Afrikanische Malve
Karkadé

Durch die roten Blüten erhalten Sie ein durstlöschendes dunkelrotes Getränk, das säuerlich schmeckt. – Nicht verwechseln mit der deutschen Malve (Malva silvestris, siehe dort), deren Blüten ebenfalls ein durstlöschendes Getränk ergeben, aber blau sind. Die Aufgußbeutelchen mit ›Malventee‹, die heute überall zu haben sind, enthalten Hibiscusblüten.

Eisgekühlter oder heißer Tee
1 Teelöffel Hibiscusblüten auf 1/4 l Wasser – kochendes Wasser auf die Blüten gießen, 10 Minuten ziehen lassen, abgießen, mit Zucker oder Honig süßen. Eventuell können Sie noch etwas Zitrone hineinträufeln.

HIMBEERE (Rubus ideaens)

Die Himbeere wächst als Strauch an Waldwegen. Die weiße Blüte wird später zur roten Frucht. Verwendet werden die Blätter und blühenden Triebe.

WIRKT: Beruhigend.
VERWENDUNG: Durchfall, Hautleiden.

Himbeer-Tee
Feingehackte oder zerriebene Blätter: 1 Teelöffel auf 1 Tasse kochendes Wasser – 15 Minuten ziehen lassen, abgießen.

HIRTENTÄSCHCHEN
(Capsella bursa pastoris)

Gänsekresse
Hirtentäschelkraut
Täschelkraut

Hirtentäschchen blüht von April bis Oktober auf Äckern, an Wegen, auf Schutt und in Gärten als kleine krautartige Pflanze mit einer 10 cm hohen grauweißen Rispe. Die Frucht ist eine Schote. Gesammelt werden die Blüten, Blätter und Schötchen.

ENTHÄLT:	Cholin, Alkaloide, Gerbstoff.
WIRKT:	Blutstillend, zusammenziehend.
VERWENDUNG:	Bei akuten Blutungen von Magen, Lunge, Nieren, Hämorrhoiden – *äußerlich* bei Wunden und Blutungen.
SONSTIGES:	Es kommt vor, daß die Pflanze einen schimmelartigen Belag hat. Sie ist dann auf keinen Fall zu verwenden.

Hirtentäschchen-Tee
Aufguß am besten kalt trinken – 2 Teelöffel des getrockneten Krautes oder 10 g des frischen Krautes auf 1 Tasse Wasser.

Saft
Täglich mehrere Teelöffel – aber nur nach ärztlicher Verordnung.

HOLUNDER

Fliederbeeren, Holler
Roter Holunder (Sambucus racemosa)
Schwarzer Holunder (Sambucus nigra)

SCHWARZER HOLUNDER

wächst wild in Wäldern, an Hecken, auf Schuttplätzen. Er blüht gelblichweiß und wird bis zu 8 m hoch. Er duftet lieblich. Gesammelt werden Blüten, Blätter und Rinde.

SCHWARZER HOLUNDER ENTHÄLT:	Ätherisches Öl, Zucker, Apfelsäure, Saponine, Alkaloide, Vitamine B_1, B_2, C, Carotin, Ascorbinsäure, Magnesium, Phosphor, Kalium, Kalzium.
WIRKT:	Schweißtreibend, harntreibend, auswurffördernd, blutreinigend.
VERWENDUNG:	Neuralgien und Ischias (Saft), Grippe, Husten, Bronchialkatarrh; *äußerlich* als Umschlag bei Geschwüren und Beulen.
SONSTIGES:	Erklärungen über *Zwergholunder* siehe unter Attich. Von Holunder sollten Sie nicht zuviel einnehmen, er kann sonst nierenreizend wirken und zu Erbrechen und Durchfall führen. Verwenden Sie nur die dunklen, reifen Früchte! Holunderbeeren schmecken gut als Suppe, Kompott, Saft. – Selbst Hippokrates kannte den Holunder und empfahl ihn als Frühjahrskur.

Holunder-Blütentee

Holunderblüten nur mit heißem Wasser übergießen – 1 Teelöffel auf 1 Tasse Wasser, mit Zucker und Honig süßen (bei Grippe und Bronchitis). Davon täglich 3 Tassen. – Dieser Blütenaufguß eignet sich als *Badezusatz*, für *Gesichtsdampfbäder* (siehe Kamille), für *Augen- und Hautkompressen.*

Holunder-Blättertee
1 Teelöffel auf 1 Tasse Wasser, kalt ansetzen, kurz aufkochen, abgießen, davon täglich bis zu 2 Tassen.

Holunder-Rinde
Abkochung: 1 Teelöffel auf 1 Tasse Wasser – davon täglich bis zu 2 Tassen trinken (bei Wasseransammlungen).

Holunder-Mus
kann man eßlöffelweise essen.

ROTER HOLUNDER

Er wächst als Strauch oder als kleiner Baum, duftet stark, hat weißlichgelbe Blüten und rote Beeren.
Er wurde früher als Brech- und Abführmittel gegeben.
Die Beeren enthalten Vitamin C und werden nach dem Entfernen des Samens zu Gelee und Marmelade verarbeitet.

HOPFEN (Humulus lupulus)

Hopfen wächst wild in feuchtem Gebüsch. Die gelblichgrüne Blüte duftet würzig. Die Pflanze wird bis zu 6 m lang. Verwendet werden das aus den Zapfen abgeschüttelte Hopfenmehl, sowie die jungen Triebe.

ENTHÄLT:	Bitterstoffe, Harz, ätherisches Öl.
WIRKT:	Nervenberuhigend, appetitanregend.
VERWENDUNG:	Besonders im Frühjahr, bei Erregungszuständen aller Art, Herzklopfen, Schlaflosigkeit, Blasenbeschwerden, Appetitlosigkeit. *Äußerlich* bei schlecht heilenden Wunden und Geschwüren.
SONSTIGES:	Sehr lecker ist der Salat aus jungen Hopfensprossen. Bei uns wird der Hopfen als Bierwürze angebaut.

Hopfen-Tee

2 Eßlöffel auf 1 Tasse kochendes Wasser, aufgießen. Am besten abends vor dem Schlafengehen 1 Tasse warm.

HUFLATTICH (Tussilago farfara)

Brandlattich
Brustlattich
Gemeiner Huflattich

Er wächst an Wegen, auf Schuttplätzen und Äckern und hat große gelbe Blüten. Die Pflanze wird bis zu 25 cm hoch. Sie ist nicht mit der *Gewöhnlichen Pestwurz* – auch *Großer Huflattich* genannt – zu verwechseln. Diese hat rote oder rötlichweiße Blüten. Sie wird nur selten angewandt.
Der Huflattich blüht im März – gesammelt werden die Blüten, Blätter und Wurzeln von Juli bis August.

ENTHÄLT:	Vitamin C, Schleim- und Gerbstoffe.
WIRKT:	Harntreibend.
VERWENDUNG:	Bei Katarrhen und Erkältungen (Tee und Saft), Fieber, Bronchitis, als Frühjahrskur.
SONSTIGES:	Im Februar und März die Blüten, im Juli die Blätter sammeln, vorsichtig trocknen, so daß sie ihre Farbe behalten.

Huflattich-Tee
2 Eßlöffel auf $^1/_4$ l Wasser, kurz aufkochen, durchsieben, täglich 2 Tassen davon trinken. Auch als Frühstückstee – süßen mit Kandis oder Honig.

Kompresse gegen geplatzte Äderchen im Gesicht
Auf 1 Tasse Wasser 1 Teelöffel frische oder getrocknete Blätter, mit kochendem Wasser übergießen, 10 Minuten ziehen lassen, lauwarm auflegen. 10 Minuten einwirken lassen, dann nicht abwaschen, sondern das Gesicht einfetten.

ISLÄNDISCH MOOS (Cetraria islandica)

Isländische Flechte, Isländische Schuppenflechte

Sie wächst hauptsächlich im Gebirge, in der norddeutschen Tiefebene, in der Heide, in Kiefernwäldern. Die Pflanze hat keine Blüten und Blätter. Sie ist eine Strauchflechte, die auf der Oberseite olivgrün bis braun wird, auf der Unterseite weißlich-hellbraun und knorpelig ist. Sie wird bis zu 15 cm hoch, schmeckt bitter und ist geruchlos-schleimig. Nach dem Sammeln muß die Pflanze gut gesäubert werden.

ENTHÄLT:	Schleimstoffe, Flechtensäuren, Vitamin A, Jod, Kohlehydrate, Bitterstoffe.
WIRKT:	Nährend, kräftigend, appetitanregend, krampflösend, hustenlindernd.
VERWENDUNG:	Bei Abmagerung, Lungenleiden und Keuchhusten, anregend auf Darm und Magen, bei Nierenentzündungen, Blasenerkrankungen, Bronchitis, Heiserkeit. Ein gutes Stärkungsmittel nach langer Krankheit. *Äußerlich* bei schlecht heilenden, nicht entzündeten Wunden.
SONSTIGES:	Isländisch Moos sollte keinem Gesunden gegeben werden. Ein Kranker, der an Entzündungen leidet, sollte Isländisch Moos ebenfalls nicht trinken, da hierbei Entzündungen gefördert werden.

Isländisch Moos-Tee

Aufguß: 1 Eßlöffel auf 2 Tassen Wasser, täglich 2 Tassen.
Bei *Abkochung* schütten Sie das 1. Kochwasser bitte weg.

Gallerte

1 Teelöffel Flechte auf 10 Eßlöffel Wasser, Kandiszucker dazugeben, einkochen lassen, erstarren lassen, davon täglich öfters 1 bis 2 Eßlöffel.

JOHANNISKRAUT (Hypericum perforatum)

Löcherkraut

Das Johanniskraut hat gelbe Blüten, glatte Blätter und wird bis zu 100 cm hoch. Es wächst von Juni bis Oktober auf trockenen Hügeln, auf Äckern und sonnigen Wiesen, in Wäldern. Blüten und Blätter werden gesammelt.

ENTHÄLT:	Ätherische Öle, Gerbstoffe, Hypericin.
WIRKT:	Wundheilend, entzündungshemmend, durchfallwidrig.
VERWENDUNG:	Bei Stoffwechselerkrankungen, Magen- und Darmerkrankungen, Kopfschmerzen, Migräne, Blasenschwäche, als Wurmmittel. *Tee oder Öl innerlich. Öl auch äußerlich* bei Gicht, Rheuma, Ischias, Neuralgien, Wunden, Brandwunden, Quetschungen.
SONSTIGES:	Johanniskraut spielte schon im Altertum in der Volksmedizin und im Aberglauben eine große Rolle.

Johanniskraut-Tee

Kurze Abkochung: 1 Eßlöffel auf 1 Tasse Wasser, aufkochen, täglich 1 Tasse davon früh, warm trinken.
Aufguß: 1 Eßlöffel auf $^1/_4$ l Wasser als Nervenmittel, bei Leberleiden, Verschleimung, gegen Magendrücken.

Johanniskraut-Saft

Ein sogenannter Nervensaft bei Erschöpfung, Depression.

Johanniskraut-Öl

Frische Blüten werden in gutem Öl unter mehrfachem Umschütteln etwa 14 Tage verschlossen an einen warmen Ort gestellt. Die Blüten werden jeweils so lange erneuert, bis das Öl tiefrot geworden ist. Dann wird es abgegossen. Davon nehmen Sie täglich 6 bis 8 Tropfen auf Zucker.

KALMUS (Acorus calamus)

Deutscher Zitwer
Gewürzkalmus

Kalmus wächst an Gewässern wie Sümpfen und Teichen, blüht mit kleinen grünlich-gelben Blüten von Juni bis Juli, hat schwertförmige Blätter und wird bis zu 1 m lang. Gesammelt werden die Wurzeln im Frühjahr bis Herbst.

ENTHÄLT:	Ätherisches Öl mit Asaron, Bitter-, Gerb- und Schleimstoffe.
WIRKT:	Verdauungsfördernd, magenstärkend, harntreibend, kräftigend.
VERWENDUNG:	*Tee und Tinktur* bei Magen- und Darmschwäche, Koliken, Blähungen, Blutarmut. *Tinktur* auch als *Gurgelwasser* bei Zahnfleischentzündungen.
SONSTIGES:	Eignet sich als Badezusatz. Nicht bei Durchfall verwenden!

Kalmus-Tee
Abkochung: 1 Teelöffel auf 1 Tasse Wasser, davon täglich 1 Tasse.

Wurzel
Eignet sich gut zum Kauen.

Tinktur
Täglich bis zu 30 Tropfen.

KAMILLE (Matricaria chamomilla)

Echte Kamille

Die Kamille wächst auf Feldern und Schuttplätzen. Sie hat eine halbkugelige gelbe Blüte, einen kahlen, ästigen Stengel, sie duftet sehr stark und wird bis zu 50 cm hoch. Gesammelt werden im Juni bis August die Blüten.

ENTHÄLT: Ätherisches Öl mit Blauöl (Azulen), Bitterstoff.

WIRKT: Entzündungshemmend, blähungsvertreibend, krampflösend, schmerzstillend, verdauungsfördernd.

VERWENDUNG: Bei Magen-, Darm- und Nierenkrämpfen, schmerzhafter Menstruation, Neuralgie und Rheuma,
äußerlich bei Wunden, Geschwüren, Flechten, Augenlidentzündungen,
als Gurgelwasser bei Nasenkatarrh, Mund-, Rachen- und Zahnfleischentzündungen.

SONSTIGES: Kamille eignet sich auch als Badezusatz, Haarwasser, zu Gesichtsdampfbädern.

Kamillen-Tee

Aufguß: 1–2 Eßlöffel auf 1 Tasse Wasser (nicht stärker!), davon täglich 1–2 Tassen, schluckweise.

Kamillen-Dampfbad

In eine Waschschüssel gibt man ca. 1½ Liter starken Aufguß (kochendheiß), deckt ein großes Handtuch über den Kopf und läßt es über das Gesicht und den vorderen Schüsselrand herabhängen, damit der Dampf nicht entweichen kann. Nach spätestens 10 Minuten das Handtuch abnehmen, kalte Kompresse auf das Gesicht legen und dann eincremen.

KAPUZINERKRESSE
(Tropaedum majus oder **minus)**

Die Kapuzinerkresse, deren Blätter wie die der Brunnenkresse mit Brot und Butter gegessen werden können, hat antibiotische Eigenschaften und wird in einigen europäischen Ländern als ›Pflanzenpenicillin‹ verwendet.

ENTHÄLT:	Viel Vitamin C. Vor allem in den Blättern – Juli – bevor sie blüht.
VERWENDUNG:	In Salate, Quark, auf Brot – bis 20 g auf einmal, oder täglich – auf verschiedene Mahlzeiten verteilt – bis 30 g. Kapuzinerkresse ist eine bekömmliche Beigabe zu jeder Diät (bei salz- und pfefferloser Diät). Bei Infektionen, Erkältung, Halsschmerzen, Magen- und Darmgeschwür. Im Winter kann sie auch getrocknet verwendet werden. (Sie muß aber ihre ursprüngliche Farbe behalten.)

KATZENPFÖTCHEN (Antennaria dioica)

Bärenpfötchen
Gemeines Katzenpfötchen
Ruhrkraut

Katzenpfötchen wächst an trockenen nährstoffarmen Standorten. Die Blüte wird weiß bis purpurfarben in dichten Dolden, an einem weißfilzigen Stengel bis 30 cm hoch, Mai bis Juli. Gesammelt wird die Blüte.

ENTHÄLT:	Gerbstoff, Harz.
WIRKT:	Harntreibend, galleabsondernd.
VERWENDUNG:	Bei chronischen Gallenleiden, Rheuma, Blasenleiden, auch bei Katarrh der Luftwege und der Verdauungsorgane.

Katzenpfötchen-Tee
Aufguß der Blüten: 3 Eßlöffel auf $1/4$ l Wasser, oder *Abkochung*: 10 bis 15 g auf 1 Tasse Wasser, täglich 1–2 Tassen.

KERBEL (Anthriscus sylvestris)

Kerbel-Kraut
Wiesen-Kerbel

Der Wiesenkerbel wächst April bis August auf stickstoffüberdüngten Wiesen. Kerbel blüht Mai bis Juni und wird als Küchengewürz zum Würzen von Speisen für Salate verwendet. Das Kraut wird bis zu 60 cm hoch, ist stark würzig – im Herbst ausgesät, im Frühjahr geschnitten.

WIRKT:	Beruhigend, verdauungsfördernd, harntreibend, anregend auf das Drüsensystem, regt die Schweißabsonderung an.
VERWENDUNG:	Frisch gepreßter Kerbelsaft zu Frühjahrskuren bei Asthma, Gelbsucht, Gicht, Gallensteinen, Hautleiden.
SONSTIGES:	Früher auch als Fastenkraut bekannt. Viele Würzmöglichkeiten.

Kerbel-Tee
30 bis 60 g täglich, aufgießen, warm trinken.
Feingehackten, erwärmten Kerbel auf Quetschungen und schmerzende Gelenke legen.
Die Blätter eignen sich auch für Frühlingssuppen.

KLATSCH-MOHN (Papaver rhoeas)

Klatschrose

Der Klatsch-Mohn blüht leuchtend rot – Mai bis Juli – und wird bis zu 85 cm hoch. Er wächst an Wegrändern, auf Wiesen und Getreidefeldern. Die ganze Pflanze hat Milchsaft, der nicht verwendet werden darf.
Der Klatsch-Mohn unterscheidet sich von ähnlichen Arten durch seinen mit kleinen Borsten versehenen Stengel und seinen kahlen Fruchtknoten.

ENTHÄLT:	Alkaloid Rhoeadin, Schleim.
WIRKT:	Reizmildernd.
VERWENDUNG:	Schwacher Aufguß nach Bedarf, aber Vorsicht! Nicht zu stark, vor allem bei Kindern. Bei Schlafstörungen von Kindern, zur Beruhigung bei Reiz- und Keuchhusten.

KLEE

Gebräuchlicher Steinklee
Hoher Steinklee
Honig-Klee
Melilotenklee
Melilotenkraut
Weißer Steinklee

Hoher und Weißer Steinklee haben fast die gleiche Wirkung. Der *Weiße Klee* hat gelbe wohlduftende Blüten, einen hohlen ästigen Stengel, der bis zu 1 m hoch wird. Der *Hohe Steinklee,* der bis zu 1,50 m hoch werden kann, blüht auch gelb. Der Klee blüht Juli bis September auf Schuttplätzen, Äckern, Wegen, an Wiesenrändern. Gesammelt werden ab Juli die Blätter und Blüten.

ENTHÄLT:	Schleim, Cumaringlykosid, freies Cumarin.
WIRKT:	Erweichend, zerteilend, schmerzstillend, schleimlösend.
VERWENDUNG:	Bei Koliken, Leibschmerzen, Bronchialkatarrh, Erkältungen, *äußerlich* bei eiternden Wunden, Furunkeln, Geschwüren (als Pflaster); bei Kindern und alten Leuten ist der Aufguß ein gutes Schlafmittel.
SONSTIGES:	Keine großen Mengen innerlich. Das Cumarin kann sonst zu Erbrechen und Übelkeit führen. Nur auf ärztliche Anweisung!

Klee-Tee
Aufguß: 2 bis 3 g auf 1 Tasse kochendes Wasser, täglich bis 2 Tassen – höchstens – schluckweise.

KLETTE (Arctium lappa)

Große Klette | **Kleine Klette**
Hopfenklette | **Klettenwurz**

Die Klette wächst wild auf Schutt, Wiesen, Mauern, an Wegen und wird als Staude bis zu 1 m hoch. Sie hat große weißfilzige Blätter und rote Blüten. Gesammelt werden die Wurzeln der 2jährigen Pflanze von März/April und September bis Oktober. Blätter von Juni bis August.

ENTHÄLT:	Ätherisches Öl, Inulin, Gerbstoff, Schleim.
WIRKT:	Harn- und schweißtreibend, blutreinigend, Blätter wirken galletreibend.
VERWENDUNG:	Tee und Tinktur bei Gicht, Rheuma, Wasseransammlungen, *äußerlich* bei Ekzemen, Flechten, Geschwüren, Furunkeln, Milchschorf – dazu innerlich Tee trinken.
SONSTIGES:	Kletten-Tee können auch Zuckerkranke trinken: die Wurzel behält ein Jahr ihre Heilkraft. Die häufig vorkommende *Kleine Klette* hat kleinere Blüten als die *Große Klette,* besitzt aber die gleiche Heilwirkung.

Kletten-Tee
Abkochung der Wurzel – vorher einige Stunden kalt ziehen lassen: 1 Teelöffel auf 1 Tasse Wasser, davon täglich 1 bis 2 Tassen trinken.

Tinktur
Täglich 3mal 5 Tropfen in Wasser einnehmen.

Akne-Auflage
Bei Akne bereiten Sie einen Brei aus frischen Wurzeln oder eine Abkochung als Umschlag.

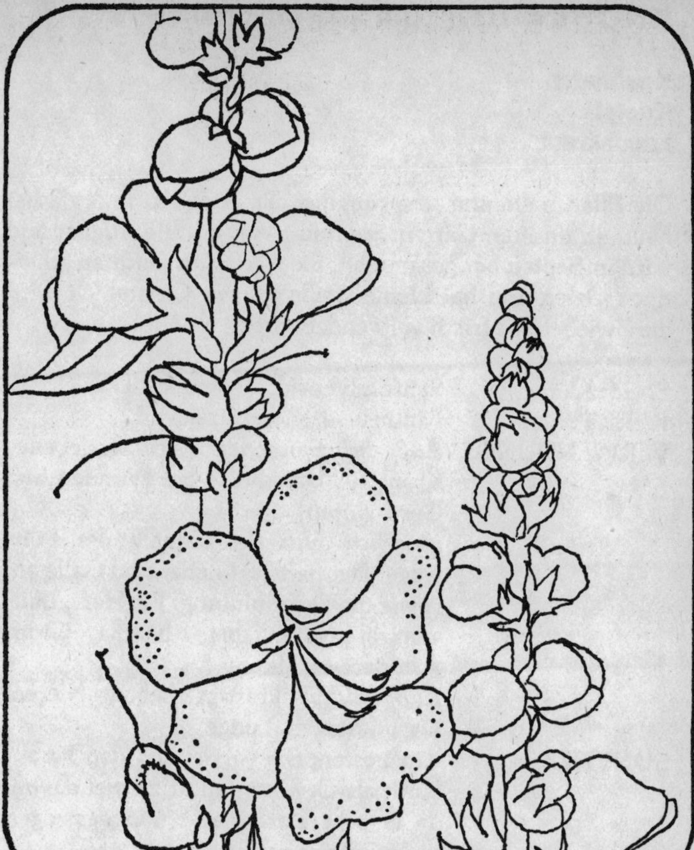

Königskerze

KNOBLAUCH (Alliaria officinalis)

Knoblauch
Knofel
Lauchkraut

Die Pflanze stammt ursprünglich aus Ägypten und wächst heute in unseren Gärten. Sie blüht von Juli bis August und wird im September gesammelt. Sie wächst an feuchten schattigen Orten und hat kleine weiße Blüten. Gesammelt wird die Zwiebel, die frisch verwendet wird.

ENTHÄLT:	Senfölglykosid, Knoblauchöl.
WIRKT:	Fäulniswidrig, harntreibend.
VERWENDUNG:	*Äußerlich* Saft oder frisch zerriebenes Kraut für Umschläge bei Wunden und Geschwüren, *innerlich* auch bei Katarrh der Luftwege. Der Saft regt Leber und Galle an, sowie die Durchblutung. Für Herz, Lungenkrankheiten, bei Rheuma, Gicht, Arterienverkalkung. *Knoblauchöl* kräftigt Leber, Nieren, Darm, Magen, Lunge.
SONSTIGES:	Am besten, Sie verwenden den Knoblauch als Gewürz – nicht zu viel davon, da er sehr stark riecht und deswegen viele Gegner hat.

KÖNIGSKERZE (Verbascum thapsiforme)

Wetterkerze
Wollblume
Wollkraut

Es gibt die *Großblütige* und die *Kleinblütige* Königskerze. Sie haben beide die gleiche Wirkung. Die *Kleinblütige* unterscheidet sich durch ihre kleineren, kräftig gelben Blüten. Die *Großblütige Königskerze* hat große weiße oder gelbe Blüten in duftenden Trauben. Sie kann bis zu 2 m hoch werden und blüht von Juli bis August. Sie hat einen aufrecht stehenden filzigen Stengel und wächst an trockenen Abhängen, Waldrändern und auf Schuttplätzen. Gesammelt werden die geöffneten Blüten, die Blätter im Juli bis September.

ENTHÄLT: Schleim, Saponine.

WIRKT: Auswurffördernd, reizmildernd, entzündungshemmend, harntreibend.

VERWENDUNG: Bei Erkältungskrankheiten, Katarrhen der Luftwege und des Darms, Husten, Heiserkeit, Halsentzündungen (als Gurgelwasser).

SONSTIGES: Auflagen aus Blättern und Blüten der Königskerze eignen sich bei Augen- und Hautentzündungen, Hautunreinheiten. Die Pflanze steht unter Naturschutz. Die Blüte kann nur bei Trockenheit gesammelt werden – beim Trocknen muß die ursprüngliche Farbe bleiben, da sie sonst wirkungslos wird.

Königskerzen-Tee

Bei Aufguß der Blüten empfiehlt es sich, die Blüten durch ein Tuch zu seihen, damit die feinen Blütenhärchen nicht in den Tee kommen und den Hals reizen. Aufguß: $1/2$ bis 1 Eßlöffel auf 1 Tasse Wasser, ziehen lassen, bis er gelb wird, täglich bis zu 2 Tassen davon trinken.

KORNBLUME (Centaurea cyanus)

Die blaue Kornblume wächst an Ackerrändern, Schuttplätzen, in Getreidefeldern. Heute ist sie fast ausgerottet durch die Unkrautbekämpfung. Die Blüten werden gesammelt.

VERWENDUNG: Als Zusatz für Augenkompressen.

KREUZBLUME (Polygala amara)

Natterblümchen
Tausendschön

Die hellblaue, weiße, lila oder rosa – ährenförmige – Blüte hat einen ca. 10–15 cm hohen Stengel. Sie blüht Mai/Juni auf Wiesen, in Wäldern. Ihr Geschmack ist gallig-bitter. Gesammelt werden die Blätter und Blüten im Juni.

ENTHÄLT: Saponin, Bitterstoff.
WIRKT: Auswurffördernd, blutreinigend, stoffwechselfördernd, appetitanregend.
VERWENDUNG: Bei Katarrh der Luftwege, Lungenleiden, Bronchitis.

Kreuzblumen-Tee
Aufguß der ganzen Pflanze. Auch Absud der Wurzel. 1/2 bis 1 Teelöffel auf 1 Tasse Wasser kalt ansetzen, kurz aufkochen, abgießen – täglich bis zu 2 Tassen trinken – früh nüchtern oder kurz vor dem Essen.

Tinktur
2mal täglich 15 Tropfen.

KÜMMEL (Carum carvi)

Echter Kümmel
Wiesenkümmel

Der Kümmel stammt aus Nordeuropa und wächst heute auf unseren Wiesen. Er hat eine weiße oder rötliche Blütendolde, einen kantigen Stengel, seine Frucht ist länglich braun. Er wird bis zu 1 m hoch und riecht ganz und gar – nach Kümmel. Gesammelt wird die Frucht von Juni bis Juli.

ENTHÄLT:	Ätherisches Öl mit Carvon und Limonen.
WIRKT:	Verdauungsfördernd, blähungstreibend, krampfstillend.
VERWENDUNG:	Bei Magen-, Darm- und Leberbeschwerden, Koliken, Menstruationsstörungen. *Äußerlich* als Öl zum Einreiben bei Rheuma.
SONSTIGES:	Der Kümmel ist ein vielseitig verwendbares Küchengewürz.

Kümmel-Tee
Abkochung: 1 Teelöffel auf 1 Tasse Wasser, davon täglich 1–2 Tassen warm.

LAVENDEL (Lavandula angustifolia)

Zitterblümchen

Lavendel wächst im Garten, er wird bis zu 1 m hoch, hat einen ästigen Stengel mit grauen Blättern und blauen Blüten. Die Pflanze duftet aromatisch. Gesammelt wird die Blüte vor dem Aufblühen im Juli bis August, die Blätter dagegen im September.

ENTHÄLT:	Ätherisches Öl mit Linalylacetat, Gerbstoffe.
WIRKT:	Drüsenanregend, galletreibend, krampflösend, nervenberuhigend.
VERWENDUNG:	Bei Katarrhen des Magen- und Darmkanals, nervösen Leiden, Angstzuständen, Husten, Schlaflosigkeit, bei Augen- und Ohrenleiden. *Äußerlich* Lavendelspiritus bei Quetschungen, Verrenkungen, Rheuma, Ischias, neuralgischen Schmerzen.
SONSTIGES:	Mit Lavendel-Blüten gefüllte kleine Duftkissen wurden schon zu Großmutters Zeiten in Wäsche- und Kleiderschränke gehängt, auch um Motten zu vertreiben.

Lavendel-Tee

Aufguß: 1 Teelöffel auf 1 Tasse Wasser, davon täglich 1 bis 2 Tassen.

Öl

Täglich 2mal 5 Tropfen auf Zucker (wirkt appetit- und verdauungsanregend).

LEIN (Linum ussitatissimum)

Flachs
Leinsamen
Wiesenleinen

Der Lein blüht blau mit flachgedrücktem braunem Samen. Der *Wiesenlein* blüht weiß mit gelbem Grund. Gesammelt wird der Samen des Lein im September. Geschmack ist süßlich, geruchlos.

ENTHÄLT:	Schleimstoffe, fettes Öl, Stärke, Wachs, Blausäureglykosid.
WIRKT:	Einhüllend, entzündungshemmend, mild abführend, schmerzstillend, krampflösend.
VERWENDUNG:	Bei Magen- und Darmentzündung, Nieren- und Blasenkatarrh, Gallenkoliken, Husten, Heiserkeit, *äußerlich* bei Geschwüren.
SONSTIGES:	Die Heilkraft des Leinsamens war schon in früheren Zeiten bekannt.

Leinsamen
2–3 Eßlöffel, frisch geschrotet, 3mal täglich essen, oder in Quark und Obstspeisen geben, mit Honig süßen.

Leinsamenöl
2mal täglich 1 Eßlöffel einnehmen.

Abkochung
1 Eßlöffel auf 1 Tasse Wasser, kurz aufkochen, davon täglich 1 Tasse warm.

Auflage
1 Teelöffel Lein in heißem Wasser zu einem dicken Brei verrühren und fingerdick auf einen Lappen streichen, auflegen.

LIEBSTÖCKEL (Levisticum officinale)

Leberstockkraut
Maggikraut

Liebstöckel wächst im Garten und ist eine krautartige Pflanze, die bis zu 2 m hoch werden kann. Sie hat einen hohen Stengel, glänzende Blätter und eine gelbliche Blütendolde. Sie duftet stark nach Maggi. Gesammelt werden die jungen Zweige und Blätter zur Blütezeit im Juli bis August, sowie die Wurzeln älterer Pflanzen von März bis April und September bis Oktober.

ENTHÄLT:	Ätherisches Öl, Harz.
WIRKT:	Harntreibend, verdauungsfördernd, krampf- und schleimlösend, auswurffördernd, menstruationsfördernd.
VERWENDUNG:	*Äußerlich* als Badezusatz bei Geschwüren, Hautunreinheiten. *Innerlich* als Tee bei Bronchialkatarrh, chronischem Herzleiden, Katarrh der Verdauungs- und Atmungsorgane.
SONSTIGES:	Liebstöckel bietet viele Würzmöglichkeiten.

Liebstöckel-Tee
Abkochung: 1 Teelöffel auf 1 Tasse Wasser, davon täglich bis zu 3 Tassen schluckweise.

Badezusatz
50 g auf 5 l Wasser.

LINDE

Sommerlinde (Tilia platyphylos), Frühlinde
Winterlinde (Tilia cordata)

Die Sommerlinde wird auch Frühlinde genannt. Sie blüht Mitte Juni, die Winterlinde Anfang Juli. Die Apotheken erkennen nur diese beiden Lindenarten zu Heilzwecken an. Gesammelt werden die Blüten während der Blütezeit. Die Bäume werden bis zu 30 m hoch. Die Blätter der Sommerlinde sind größer als die der Winterlinde. Gesammelt werden auch die Blätter, Samen, Rinde, der Saft.

ENTHÄLT:	Ätherisches Öl, Schleim, Saponin.
WIRKT:	Harn- und schweißtreibend, krampflösend, aufsaugend (als Kohle), auswurffördernd, beruhigend.
VERWENDUNG:	Bei Erkältungen, Katarrh der Luftwege, Nieren und Blase, Wasseransammlungen, Durchfall, Fäulnisbildungen, *äußerlich* bei eitrigen Wunden und Geschwüren.
SONSTIGES:	In Frankreich wird der Tee auch nach den Mahlzeiten getrunken, um gut schlafen zu können. Trocknen Sie die Blüten sehr vorsichtig.

Lindenblütentee
Aufguß: 1–2 Eßlöffel auf 3 Tassen Wasser, täglich bis zu 3 Tassen warm trinken.

Kohle
1–2 Eßlöffel in Wasser einnehmen. Geben Sie nach 1 Stunde einen Abführtee.

Dampfbäder bei Sommersprossen und Hautunreinheiten
Siehe Kamille. Dazu trinken Sie Tee.

LÖFFELKRAUT (Cochlearia officinalis)

Löffelkresse

Das Kraut blüht weiß im Mai bis Juni an feuchten, schattigen Orten oder im Garten. Gesammelt werden Blätter und Blüten.

ENTHÄLT:	u. a. Vitamin C.
VERWENDUNG:	Bei Nasenbluten, Schwindelanfällen, Herzleiden, Rheuma, regt die Nierentätigkeit an, verbessert die Gallenabsonderung.
SONSTIGES:	Im Mittelalter wurde Löffelkraut gegen Skorbut gegeben.

Löffelkraut-Saft
aus frisch gepreßten Blättern ist wirksamer als der Löffelkraut-Tee.

LÖWENZAHN (Taraxacum officinale)

Gemeiner Löwenzahn

Der Löwenzahn wächst im Garten, meistens aber auf Wiesen. Er hat eine gelbe Blüte, die Frucht ist später die fedrige Pusteblume. Die ganze Pflanze hat Milch im Stengel und wird bis zu 30 cm hoch. Gesammelt werden Wurzel, Blätter und Blütenknospen von März bis Mai, die Wurzel aber auch von März bis April und September bis Oktober.

ENTHÄLT:	Bitterstoff, in der Wurzel Inulin.
WIRKT:	Verdauungs- und drüsenanregend, stoffwechselanregend, blutdruckregulierend, harntreibend.
VERWENDUNG:	Darmträgheit, Nierenerkrankung, Appetitlosigkeit, Ekzeme, Rheuma, Gallenleiden, Lebererkrankungen.
SONSTIGES:	Die jungen Blätter eignen sich als Gemüse oder Salat. Kinder sollten auf keinen Fall die Milch aus dem Löwenzahn saugen!

Löwenzahn-Tee

Aufguß: 1–2 Teelöffel auf 1 Tasse Wasser, davon täglich bis zu 2 Tassen.

Saft

2mal täglich 1 Eßlöffel.

LORBEER (Laurus nobilis)

Der Lorbeerbaum kann bis zu 7 m hoch werden. Er kommt aus Kleinasien, wächst bei uns nur in Gewächshäusern. Gebraucht wird nur der süße Lorbeer.
Früher wurde er in England zum Schmücken der Häuser und Kirchen um Weihnachten verwendet, sowie als vielseitige Medizin.
Er ist würzig, seine Blätter enthalten ätherisches Öl.
Heute wird er meistens als Küchengewürz empfohlen, aber nicht zu viel davon nehmen – es reicht jeweils 1 Blatt.

LUNGENKRAUT (Pulmonaria officinalis)

Dunkles Lungenkraut
Gebräuchliches Lungenkraut

Lungenkraut wächst an schattigen Plätzen, in Laubwäldern, am Bachufer. Es blüht anfangs rötlich, später blau und wird bis zu 30 cm hoch. Gesammelt werden im April bis Juni die Blätter.
Das *Dunkle Lungenkraut* hat die gleiche Bedeutung wie das *Gebräuchliche Lungenkraut*.

ENTHÄLT:	Schleim, Gerbstoff, Saponin, Kieselsäure, Kalksalze.
WIRKT:	Auswurffördernd, zusammenziehend, reizmildernd.
VERWENDUNG:	Bei Lungenkrankheiten, Erkältungen, Husten, Grippe, Bronchitis, Halsentzündung, Heiserkeit, Durchfall, *äußerlich* auch als Pulver zur Wundbehandlung.

Lungenkraut-Tee
Abkochung: 1 Eßlöffel auf 1 Tasse Wasser, täglich früh und abends je 1 Tasse – täglich höchstens 2 Tassen, mit Honig süßen.

Pulver
1 Teelöffel in 1 Tasse frischer Milch, davon täglich 2 bis 3 Tassen.

Saft
der zerdrückten Blätter 2–3 Teelöffel täglich.

MAJORAN (Origanum majorana)

Mairan
Wurstkraut

Dieses Kraut wächst im Garten, hat ästig-rotbraune Stengel, graufilzige Blätter und kleine hellrote oder weißliche Blüten. Es duftet würzig, wird bis zu 50 cm hoch und blüht von Juli bis August. Gesammelt wird das blühende Kraut von Juli bis September.

ENTHÄLT:	Ätherisches Öl mit Terpenen, Bitter- und Gerbstoffe.
WIRKT:	Nervenstärkend, krampflösend, schleimlösend, schweißtreibend.
VERWENDUNG:	Bei Erkältungen, Asthma, Husten, Magenkrämpfen, Darmkolik, Appetitlosigkeit, *äußerlich* auch als Saft und Öl als Gurgelmittel, zum Nasenspülen, als Kräuterkissen, Auflage, als Salbe bei Wunden.
SONSTIGES:	Majoran ist ein vielseitiges Gewürz. Menschen mit hohem Blutdruck sollten keinen Majoran-Tee trinken.

Majoran-Tee
Abkochung: 2 Teelöffel auf 1 Tasse Wasser, täglich davon 2 Tassen trinken. Der Tee kann entweder heiß oder eiskalt getrunken werden.

MALVE (Malva silvestris)

Roßpappel
Wilde Malve

Die wilde Malve trägt hellrote oder violette Blüten im Sommer bis Herbst. Ihr behaarter Stengel wird bis zu 40 cm hoch – sie wächst an Mauern und auf Schuttplätzen. Gesammelt werden während der Blütezeit Blätter und Blüten.

ENTHÄLT:	Schleimstoffe, Gerbstoffe.
WIRKT:	Erweichend, reizmildernd, zusammenziehend (besonders die Blätter).
VERWENDUNG:	Tee mit Honig bei Husten, Mandelentzündung, Bronchitis, Bronchialkatarrh, Magen- und Darmkatarrh, Heiserkeit, inneren Entzündungen. Als *Gurgelwasser* bei Zahnfleisch-, Mund- und Rachenentzündung, *äußerlich* als Umschlag aus frischen, zerquetschten Blättern, Wurzeln und Samen bei Drüsen- und anderen Geschwüren.
SONSTIGES:	Malvenblätter sollten Sie nur frisch verwenden, nicht getrocknet.

Malven-Tee
Abkochung: 1 Eßlöffel auf 1 Tasse Wasser, davon täglich bis zu 3 Tassen warm trinken. Malven-Tee können Sie heiß oder eisgekühlt trinken – auch ohne Krankheiten.

MEERRETTICH (Cochlearia armoracia)

Kren

Meerrettich wächst und vermehrt sich im Frühjahr auf nährstoffreichen Boden. Er wächst aber auch wild an Wegen, Gräben und auf Schuttplätzen, hat weiße Blüten, weiße, fleischige Wurzeln und wird bis zu 1 m hoch. Schmeckt frisch gerieben erst süßlich und dann beißend scharf. Gesammelt wird von September bis Oktober die Wurzel.

ENTHÄLT:	Senfölglykosid, Senföl.
WIRKT:	Schleimhautreizend, verdauungsfördernd, harntreibend, blähungswidrig.
VERWENDUNG:	*Äußerlich* als Umschlag (frisch geriebenen Meerrettich auf ein Tuch streichen, auflegen bis Brennen eintritt); bei Zahnschmerzen, Magenkrämpfen, Ischias, Rheuma, Nervenentzündung, fördert die Hautdurchblutung, Insektenstichen. *Innerlich* bei Verstopfung, Bronchialkatarrh, Wasseransammlungen.
SONSTIGES:	Ein pikantes gesundes Rezept: Sie reiben ein kleines Stück Meerrettich, dazu einen halben Apfel, dazu kommen Pfeffer, Salz und etwas geschlagene Sahne – zu heißer Wurst reichen. Viele Würzmöglichkeiten! Essen Sie Meerrettich in kleinen Mengen.

MEISTERWURZ (Pencedanum) (Imperatoria ostruthium)

Kaiserwurzel

Die Meisterwurz wächst auf Gebirgswiesen. Sie galt früher als Allheilmittel. Die Blüte ist weiß oder rot überlaufen, klein in großen Dolden, brauner Wurzelstock, würziger Geruch. Sie wird bis zu 1 m hoch.

ENTHÄLT:	Ätherisches Öl.
WIRKT:	Harn- und schweißtreibend, verdauungsfördernd, beruhigend.
VERWENDUNG:	Bei chronischem Magenkatarrh, Verdauungsbeschwerden, Bronchialkatarrh, Gicht, Rheuma.

Meisterwurz-Pulver
Täglich bis zu $1\frac{1}{2}$ g – verteilen auf dreimal.

MELISSE (Melissa officinalis)

Gartenmelisse
Zitronenmelisse
Zitronenkraut

Die Melisse wächst im Garten, blüht mit weißer Blüte von Juli bis September und wird bis zu 1 m hoch. Sie riecht und schmeckt nach Zitrone. Von Juni bis August werden die Blätter kurz vor oder nach der Blüte gesammelt.

ENTHÄLT: Ätherisches Öl, Gerb- und Bitterstoff.

WIRKT: Schleimlösend, schmerz- und krampflösend, beruhigend, schweiß- und blähungstreibend.

VERWENDUNG: Bei Fieberkranken, Übelkeit während der Schwangerschaft, anregend auf die Herztätigkeit, Kopfschmerzen und Migräne, bei Rheuma, bei schlechtem Atem, Ohren- und Zahnschmerzen, Magen- und Darmkrämpfen, Schlaflosigkeit,
äußerlich zerschnittene frische Blätter auf Wunden, Insektenstiche.

SONSTIGES: Von der Melisse wird berichtet, daß sie ein langes Leben garantiere.
Das getrocknete Kraut sollten Sie nicht länger als 1 Jahr aufbewahren, da es dann seine Heilwirkung verliert.
Früher wurde die Melisse zu Salben gegen Gicht verwendet.
Tee kann auch von sehr empfindlichen Menschen – selbst als Morgen- oder Abendgetränk – getrunken werden, auch über längere Zeiträume. Melissen-Aufguß eignet sich für *Gesichtskompressen.*

Das Melissenwasser wurde von den Karmeliterinnen im 17. Jahrhundert in Frankreich als Medikament eingeführt. Es besteht aus Spiritus, Wasser, Melisse, Nelke, Muskat, Zitronenschale.

Melissen-Tee
1 Teelöffel auf 1 Tasse Wasser, täglich bis zu 2 Tassen trinken.

Melissengeist
Täglich 3mal 1 Teelöffel auf Zucker einnehmen.

MISTEL (Viscum album)

Mispel

Die Mistel gilt als Halbschmarotzer auf verschiedenen Bäumen. Es gibt die *Laubholz-Mistel*, die *Tannen- und Kiefermistel*. Sie blüht gelblichgrün als Busch mit grünbraunen Zweigen und weißen oder gelblichen Beeren. Gesammelt werden die jungen Zweige mit Blättern von Oktober bis März (nicht aber die Beeren!).

ENTHÄLT:	Cholin, Acetycholin, Viscofoxin.
WIRKT:	Blutdrucksenkend, verdauungsfördernd, blutstillend, reinigend.
VERWENDUNG:	Bei hohem Blutdruck, Arterienverkalkung, Blutungen, Krampfadern, Verstopfung, Kreislaufstörungen.

Mistel-Tee
Kaltwasser-Auszug aus 2–3 Teelöffeln auf 1 Tasse Wasser, 6–8 Stunden ziehen lassen, kalt trinken, und zwar je 1 Tasse morgens und abends vor dem Essen.

NELKENWURZ (Geum urbanum)

Bach-Nelkenwurz
Blutwurz
Echte Nelkenwurz

Sie wächst auf Waldwiesen, nassen Wiesen, an Hecken. Die Nelkenwurz ist ähnlich wie die *Blutwurz* verbreitet. *Bach-Nelkenwurz* sollten Sie nicht verwenden. Die Nelkenwurz blüht gelb, riecht nach Nelken, und wird bis zu 60 cm hoch.

ENTHÄLT:	Öl mit Eugenol, Gerbstoff.
WIRKT:	Schmerzlindernd, keimwidrig, stopfend.
VERWENDUNG:	Bei Verdauungsstörungen wie Kolik, Durchfall, bei Leber- und Menstruationsstörungen, *äußerlich* als Gurgelmittel bei Zahnfleisch- und Halsentzündung.

Nelkenwurz-Tee
Abkochung: 1 Teelöffel auf 1 Tasse Wasser, täglich bis zu 2 Tassen.

Nelkenöl
5–8 Tropfen auf 1 Eßlöffel warmes Wasser.

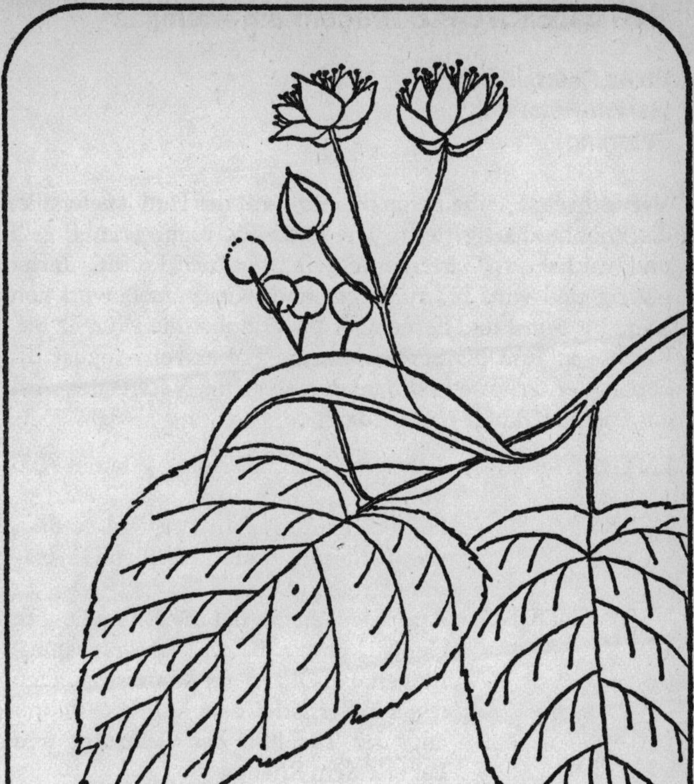

Sommerlinde

PETERSILIE (Petroselinum hortense)

Echte Petersilie
Garten-Petersilie
Peterling

Verwechseln Sie die Petersilie nicht mit der Hundspetersilie, die knoblauchartig riecht. Die Petersilie blüht grünlichgelb und wächst im Garten mit gelblichgrüner Frucht, duftet würzig und wird bis zu 90 cm hoch. Gesammelt wird von März bis April und September bis Oktober die Wurzel, das Kraut von Juni bis September, die Frucht von August bis September. Früchte und Samen sind giftig. Verwendet wird das frische Kraut je nach Bedarf.

ENTHÄLT: Ätherisches Öl mit Apiol, Vitamin A, B und C.

WIRKT: Harntreibend, appetitanregend, verdauungsfördernd, krampfstillend, blähungstreibend.

VERWENDUNG: Auch als *Gewürz* hat die Petersilie ihre Heilwirkung, z. B. bei Wasseransammlungen. Bei Ohren- und Zahnschmerzen legen Sie frische zerschnittene *Blätter* auf, der *Tee* hilft bei Gelbsucht und Leberleiden, Rheuma.

SONSTIGES: Petersilie ist nicht ungefährlich – zu viel davon kann zu Leber- und Nierenschädigungen führen.
In England ist der Petersilien-Tee ein altes Hausmittel wegen seiner harntreibenden Wirkung.
Es heißt auch, daß eine Handvoll Petersilie 8 Stunden Schlaf ersetzen soll ...

Petersilien-Tee
Abkochung der Wurzel und des Krautes: 1 Eßlöffel auf 1 Tasse, täglich bis zu 2 Tassen davon trinken.

PFEFFERMINZE (Mentha piperita)

Echte Pfefferminze, Minze

Pfefferminze wächst an feuchten Stellen, an Gräben und im Garten. Sie duftet und schmeckt stark aromatisch, blüht lila, ihr Stengel kann bis zu 1 m werden. Gesammelt werden die Blätter im Juni bis Juli und im Herbst.

ENTHÄLT: Ätherisches Öl mit Menthol, Gerbstoff.

WIRKT: Krampflösend, schmerzstillend, galletreibend, entzündungshemmend, kreislaufanregend.

VERWENDUNG: Bei Neuralgien, Kopfschmerzen, verdorbenem Magen, Darmkatarrh, Durchfälle, Erbrechen, Unterleibskrämpfen, Leberschwellung, Gallestauung, *äußerlich als Öl* bei Nervenschmerzen, Migräne, Rheuma.

SONSTIGES: Pfefferminze ist ein beruhigendes Verdauungsmittel nach dem Essen. Nie zu lang hintereinander Pfefferminztee trinken. Nach 14 Tagen 8 Tage pausieren. – Je mehr Sie die frischen oder getrockneten Blätter zerkleinern, um so intensiver ist der Geschmack. – Das Pfefferminzöl wirkt antiseptisch und wird auch als Zahnpasta und zum Gurgeln gegen Mundgeruch verwendet.

Pfefferminztee
Aufguß: 1–2 Teelöffel auf 1 Tasse Wasser, täglich bis zu 3 Tassen. Nicht kochen, nur mit heißem Wasser übergießen.

Öl 2–4 Tropfen.

Bäder und Umschläge
Aufguß: 4 Eßlöffel auf 1/4 l Wasser.

PREISELBEERE (Vaccinium vitis idaea)

Rote Heidelbeere
Sauerbeere
Speckbeere

Die Preiselbeere wächst an einem niedrigen, immergrünen Strauch mit kantigem Stengel in Wäldern und im Gebirge. Sie blüht weiß oder rötlich im Mai bis Juli. Ihre Frucht ist eine rote säuerliche Beere. Gesammelt werden im August bis Oktober die Beeren und Blätter (die Blätter aber erst nach der Fruchtreife).

DIE PREISELBEER-BLÄTTER ENTHALTEN:	Arbutin.
WIRKT:	Schleimlösend, schweißtreibend.
VERWENDUNG:	Bei Wechselfieber, Blasenkatarrh, Nierenbeckenentzündung, Rheuma, Gicht, Erkältungen, Steinleiden.
SONSTIGES:	Preiselbeer-Kompott ist nicht nur lecker, sondern auch harntreibend, kühlend, appetitanregend. – Nicht zuviel Preiselbeerblätter verwenden. Es können Vergiftungserscheinungen auftreten.

Preiselbeertee
Aufguß der Blätter: 2 Eßlöffel auf 1/4 l Wasser. Auch *die ganze Pflanze* kann mit Honig oder Kandiszucker kurz aufgekocht werden, besonders bei Erkältungskrankheiten.

Frische Preiselbeeren
zerdrückt, helfen Fieberkranken, bei Durchfall und Erschöpfungszuständen.

QUECKE (Triticum repens)

Kriechende Quecke
Queckengras
Schnurgras
Spitzgras

Die Quecke blüht unscheinbar Juni bis Juli auf Wiesen, in Gärten, an Wegrändern mit einer grünen Ähre. Sie gilt meistens als lästiges Unkraut. Der aufrechte Stengel wird ca. 1 m hoch. Gesammelt wird die Wurzel März/April oder September/Oktober.

ENTHÄLT:	Schleimstoffe, Saponine, Kieselsäure, Kali, Vitamin A und B_1, Phosphorsäure, Kohlehydrat.
WIRKT:	Reizmildernd, einhüllend, harn- und schweißtreibend, blutreinigend.
VERWENDUNG:	Queckenwurzel als Tee oder Saft bei Gicht, Rheuma, chronischem Katarrh der oberen Luftwege, des Magens, Darms, gegen Steinbildung, bei Gallen-, Milz- und Leberleiden.

Quecken-Tee
1 Teelöffel auf 1 Tasse Wasser, kurz aufkochen, täglich 1 Tasse schluckweise trinken.

Saft
3mal täglich 1 Teelöffel, als Frühlingskur.

Wurzel
Sauber waschen, zerquetschen, durchseihen. Diesen Saft in kleinen Mengen trinken – öfters 1 Teelöffel.

RAINFARN (Tanacetum vulgare)

Gemeiner Rainfarn
Wurmkraut

Der Rainfarn wächst an Wegrändern, im Wald, an Ufern von Juli bis August. Er blüht gelb in Dolden, riecht kampferartig und wird bis zu 1,20 m hoch.
Im Sommer werden die Blätter, Blüten und Samen gesammelt.

ENTHÄLT:	Ätherisches Öl mit Thujon, Bitterstoff.
WIRKT:	Wurmabtreibend, krampflösend, schweiß- und harntreibend, magenstärkend.
VERWENDUNG:	Aufguß, Pulver oder Öl bei Spul- und Madenwürmern, Störungen der Verdauungswege, *äußerlich* als Öl bei Gicht, Rheuma, frisch zerquetschte Blätter als Auflage bei Krampfadern, Geschwüren, Verrenkungen.
SONSTIGES:	Nur nach ärztlicher Verordnung nehmen, das im Rainfarn enthaltene Thujon ist ein Gift, das leberschädigend wirkt.

Rainfarn-Tee
Aufguß: 1 bis 2 g auf 1 Tasse Wasser, täglich 1 Tasse mehrere Tage lang trinken.

Pulver
1 bis 3 g in Speisen geben.

Öl
2 bis 5 Tropfen auf Zucker.

RAUTE (Ruta graveolens)

Gartenraute
Weinkraut
Weinraute

Die Weinraute blüht Juni bis Juli gelbgrün, ist ein Halbstrauch und wird 30 bis 60 cm hoch. Sie riecht stark. Wächst wild in Weinbergen, an steinigen Hügeln, im Garten. Gesammelt werden die Blätter.

ENTHÄLT:	Ätherisches Öl.
WIRKT:	Haut- und schleimhautreizend, schwache Gaben wirken krampfstillend, nervenberuhigend.
VERWENDUNG:	Bei Magenleiden, Schwindelanfällen, Atembeschwerden, Herzklopfen, Krämpfen, Blähungen, Erkältung, Appetitlosigkeit. Warme Kräuterkissen auf Geschwüre legen.

Rauten-Tee
Aufguß: 2 Teelöffel auf $^1/_4$ l Wasser, 1–2 Tassen pro Tag. Der Tee wirkt sehr stark, nicht zuviel trinken!

RETTICH (Raphanus sativus)

Acker-Rettich
Garten-Rettich
Hederich
Wilder Rettich

Die Blüten sind klein, lila oder weiß mit ästigen Stengeln. Die Pflanze wird bis zu 1 m hoch, hat fleischige Wurzeln und wächst im Garten. Der Geruch und Geschmack des Rettich sind scharf. Verwendet wird die Wurzel.

ENTHÄLT:	Ätherisches Öl.
WIRKT:	Galleabsondernd, schleim- und krampflösend, stuhl- und auswurffördernd, verdauungsfördernd.
VERWENDUNG:	Bei Gallenstauung, Gallensteinen, Husten, Verschleimung, Leberleiden.
SONSTIGES:	Rettichsaft wird entweder aus großen weißen oder dunklen Rettichen gepreßt. Bei Magen- und Darmentzündung keinen Rettich essen! Nur in kleinen Mengen trinken! Am wirksamsten ist der schwarze Rettich – nicht nur als Salat oder gesalzen zu Butterbrot. Reiben Sie täglich 1 kleineren Rettich – ein appetitanregendes Mittel für Kinder. Vom *Wilden Rettich* – auch *Hederich* – soll angeblich der Gartenrettich abstammen.

Rettich-Saft
Trinken Sie davon täglich 100–400 g auf den ganzen Tag – schluckweise – verteilt. Sie können den Saft mit Zucker oder Honig süßen.

RINGELBLUME (Calendula officinalis)

Garten-Ringelblume
Gewöhnliche Ringelblume
Goldblume
Regenblume
Ringelrose
Sonnenwende

Die Pflanze hat keine großen Bodenansprüche. Sie wächst wild auf Schutt, in Gärten, auf Friedhöfen und blüht Juni bis Oktober. Den Namen hat die Ringelblume von ihrem krummgebogenen Samen – auch Regenblume genannt, da ihre Blüte sehr feuchtigkeitsempfindlich ist. Sie blüht hell bis dunkel oder orangegelb, ihr Stengel wird bis zu 40 cm hoch. Gesammelt werden im Sommer die Blätter und Blüten.

ENTHÄLT:	Ätherisches Öl, gelbe Farbstoffe, Bitterstoff, Schleim, Calendula.
WIRKT:	Krampfstillend, menstruationsfördernd, fördert die Wundheilung.
VERWENDUNG:	Der *Tee* wirkt beruhigend bei Darmstörungen, regt die Schweißabsonderung an, Magengeschwür, Magenblutung, Quetschungen, *verdünnte Tinktur oder Salbe äußerlich* bei frischen Wunden, Geschwüren, Flechten, *Fußbad:* für überanstrengte Füße.
SONSTIGES:	Vorsicht mit der Ringelblume bei Magenkranken! Die Heilkraft der Ringelblume ist schon seit dem 12. Jahrhundert bekannt. Sie wurde im amerikanischen Bürgerkrieg von den Ärzten genutzt.

Ringelblumentee

Aufguß der Blätter: 1 Teelöffel auf 1 Tasse Wasser, täglich nur 1 Tasse, verteilt auf zweistündlich 1 Eßlöffel.

Blütenaufguß: 1 Eßlöffel auf $^1/_4$ l Wasser, dreimal täglich trinken, wirkt wurmtreibend. Insgesamt täglich 1 Tasse.

Ringelblumensaft

von frischen oder getrockneten (eingeweichten) Blüten gegen Verletzungen aller Art.

Blütenblätter, in Öl angesetzt

sind ein wohltuendes Einreibemittel.

RITTERSPORN (Delphinium consolida)

Acker-Rittersporn
Feld-Rittersporn
Hornkümmel
Lerchenklaue

Rittersporn mit dunkelblauer Blüte blüht von Mai bis Oktober auf Getreidefeldern, an Wegrändern und wird bis zu 30 cm hoch. Sein Kraut riecht unangenehm. Gesammelt werden Blüten und Kraut – der Samen ist giftig.

VERWENDUNG: Die *zerstoßene Blume,* mit Rosenwasser vermischt, auf die Augen legen – wirkt erfrischend.

Der *Rittersporn-Saft* reinigt und heilt Wunden.

Wird das *Kraut zu Pulver gerieben* und mit Wasser getrunken, hilft es gegen Sodbrennen, Aufstoßen der Galle, Hustenanfälle.

ROSMARIN (Rosmarinus officinalis)

Meertau

Der immergrüne 1 bis 2 m hohe Rosmarinstrauch mit den graufilzigen Zweigen, lederartigen Blättern, blaßblauen Blüten, wächst an sonnigen Orten, z. B. Felsen, im Garten, im Zimmer. Gesammelt und verwendet werden die duftenden Blätter und Blüten sowie die jungen Triebe.

ENTHÄLT:	Ätherisches Öl mit Terpenen, Gerbstoff.
WIRKT:	Krampflösend, verdauungsfördernd, kreislaufanregend, nervenanregend, leicht galle- und harntreibend, menstruationsfördernd.
VERWENDUNG:	Bei Leberstörung, Koliken, Verdauungsschwäche, Appetitlosigkeit, Schwindel, Erschöpfungszuständen (Rosmarin-Tee), weitet das Gewebe, hilft bei nervösen Kopfschmerzen.
SONSTIGES:	Waschungen mit Rosmarintee erhalten die Haut schön, erfrischend als Badezusatz und Dampfbad (siehe Kamille). Rosmarin regt den Haarwuchs an, er eignet sich zum Haarespülen.

Rosmarin-Tee
Aufguß der frischen oder getrockneten Blätter, Blüten und jungen Triebe: 1 Teelöffel auf 1 Tasse, täglich bis zu 2 Tassen, schluckweise trinken.

Rosmarinöl
Nur äußerlich, auch als Spiritus oder Salbe, zum Einreiben bei Krämpfen.

Rosmarinwein ist ein herzstärkendes Mittel.

ROSSKASTANIE (Aesculus hippocastanum)

Gewöhnliche Roßkastanie
Wilde Kastanie

Die Kastanie wächst als Zier- oder Alleebaum mit einer weißen, roten oder gelben Blütenkerze. Die Frucht ist glänzend dunkelrotbraun in grüner stacheliger Schale. Der Baum wird bis zu 30 m hoch. Gesammelt werden die Blüten und Blätter im Mai bis Juni, die Frucht September bis Oktober, im März die Rinde junger Zweige.

ENTHÄLT:	Saponine, Gerbstoff, Flavonglykoside (in Blättern und Blüten), Cumaringlykoside (in der Rinde).
WIRKT:	Blutreinigend, zusammenziehend.
VERWENDUNG:	Als *Badezusatz* bei Skrofulose, *Pulver* bei Darmkatarrh, Durchfall, Kolik, Hämorrhoiden, *Tinktur* zum äußerlichen Gebrauch bei Frostbeulen, Flechten, Rheuma.
SONSTIGES:	Roßkastanien-Arzneien bei Krampfadern.

Roßkastanien-Heilmittel
Samen-Abkochung: 1½ kg als Badezusatz.
Kastanien, geröstet, gemahlen, als Pulver: Täglich 2 Messerspitzen.
Blüten als Tinktur zum Einreiben.

SALBEI (Salvia officinalis)

Edel-Salbei
Garten-Salbei
Muskatellerkraut

Der Salbei wächst meistens wild an Felsen und im Garten. Er wird bis zu 80 cm hoch, hat grünlich-weiße runzelig-filzige Blätter und violette Blüten. Salbei duftet nur bei Sonneneinwirkung. Er soll auch nur dann gepflückt werden. Vor dem Blühen – im Mai bis Juni – werden die Blätter und jungen Triebe gesammelt.

ENTHÄLT: Ätherisches Öl mit Thujon, Gerbstoffe.

WIRKT: Schweißhemmend, zusammenziehend, auswurffördernd, keimhemmend.

VERWENDUNG: Bei Magen- und Darmstörungen, Durchfall, Katarrh der oberen Luftwege, *äußerlich* als Gurgelwasser bei Halsentzündung, Zahnfleischentzündung, Angina.

SONSTIGES: Frische Salbeiblätter werden bei Insektenstichen und eiternden Wunden aufgelegt.
Und noch etwas zur Dosierung: *Schwacher* Tee-Aufguß wirkt *schweißtreibend*, *starker* dagegen *schweißhemmend*.
Salbei eignet sich für Haarspülungen. Als Gewürz kennen Sie ihn.
Der *Rote Salbei* (überbrüht als Gurgelwasser) ist ein besonders desinfizierendes Mittel, das noch dazu die Zähne weißer werden läßt. Garten-Salbei eignet sich auch als Gurgelwasser. Er hat auch kosmetische Eigenschaften: Versuchen Sie doch einmal *Gesichtsdampfbäder* damit (wie Kamille).

Salbei wird viel in England verwendet. Ein altes arabisches Sprichwort sagt: »Wie kann ein Mensch sterben, wenn er Salbei in seinem Garten hat?«

Salbei-Tee

Aufguß: 1 Teelöffel auf 1 Tasse, täglich davon 2 Tassen.

Tinktur

Dreimal täglich 20 Tropfen in Wasser einnehmen. Unverdünnte Tinktur wird äußerlich verwandt.

SANDDORN (Hippophaë rhamnoides)

Seedorn

Der Sanddorn ist ein Strauch oder kleiner Baum, der an Ufern von Alpenflüssen oder im Garten als Zierstrauch wächst. Er hat eine kleine Blüte und gelbe oder orangerote Früchte. Er wird bis zu 3 m hoch. Gesammelt werden die Früchte.

ENTHÄLT:	Flavonglykosid, Vitamin C, Apfelsäure.
WIRKT:	Aufbauend.
VERWENDUNG:	Bei Mangel an Vitamin C, Frühjahrsmüdigkeit, Appetitlosigkeit, Erschöpfung, Zahnfleischbluten.
SONSTIGES:	Die Sanddorn-Beeren enthalten mehr Vitamin C als Zitronen und Orangen. Aus der Frucht werden auch Marmelade und Säfte hergestellt.

Sanddorn-Extrakt

2–3 Eßlöffel täglich.

SAUERAMPFER (Rumex acetosa)

Großer Sauerampfer
Kleiner Sauerampfer
Wiesen-Sauerampfer

Der niedrige *Kleine Sauerampfer* (Rumex acetosella), der auf kalkarmem Boden wächst, wird kaum angewandt.
Der *Große Sauerampfer* – auch Wiesen-Sauerampfer genannt – wächst an Ufern und unter Büschen. Er blüht klein grün oder rot, schmeckt sauer, der Stengel ist rötlich und wird bis zu 90 cm hoch. Gesammelt werden im Mai bis Juni die jungen Blätter.

ENTHÄLT:	Kaliumbioxalat, freie Oxalsäure.
WIRKT:	Blutreinigend, appetitanregend, verdauungsfördernd.
VERWENDUNG:	Zur blutreinigenden Frühjahrskur, behebt den Mangel an Vitamin C.
SONSTIGES:	Bei Gicht, Durchfall, Neigung zu Steinbildung, Nierenschädigung auf jeden Fall vermeiden!

Sauerampfer-Tee
Im Winter Aufguß der getrockneten Blätter: 1 Teelöffel auf 1 Tasse Wasser, täglich 1 Tasse, schluckweise.

Frische Blätter als Salat oder Saft
Täglich nur wenig, 14 Tage lang – dann eine Pause einlegen.

SAUERKLEE (Oxalis acetosella)

Waldsauerklee

Der Sauerklee wächst in Laub- und Nadelmischwäldern an schattigen Stellen und hat einen kriechenden Wurzelstock. Er blüht weiß im April/Mai und schmeckt ziemlich sauer.

ENTHÄLT:	Oxalsäure.
WIRKT:	Erfrischend, durstlöschend, anregend und reinigend, nierenanregend.
VERWENDUNG:	Bei Fettleibigkeit, als Schlankheitskur.
SONSTIGES:	Sparsam verwenden, da der Klee recht sauer schmeckt. Sie können ihn auch in kleinen Mengen zu Brennesseln oder Spinat geben.

Sauerklee-Tee
Eine Handvoll Sauerklee mit 1 l kochendem Wasser übergießen, den Abguß abkühlen lassen.

Saft
Aus dem frischen Klee pressen und mit 3 Teilen Wasser verdünnen.

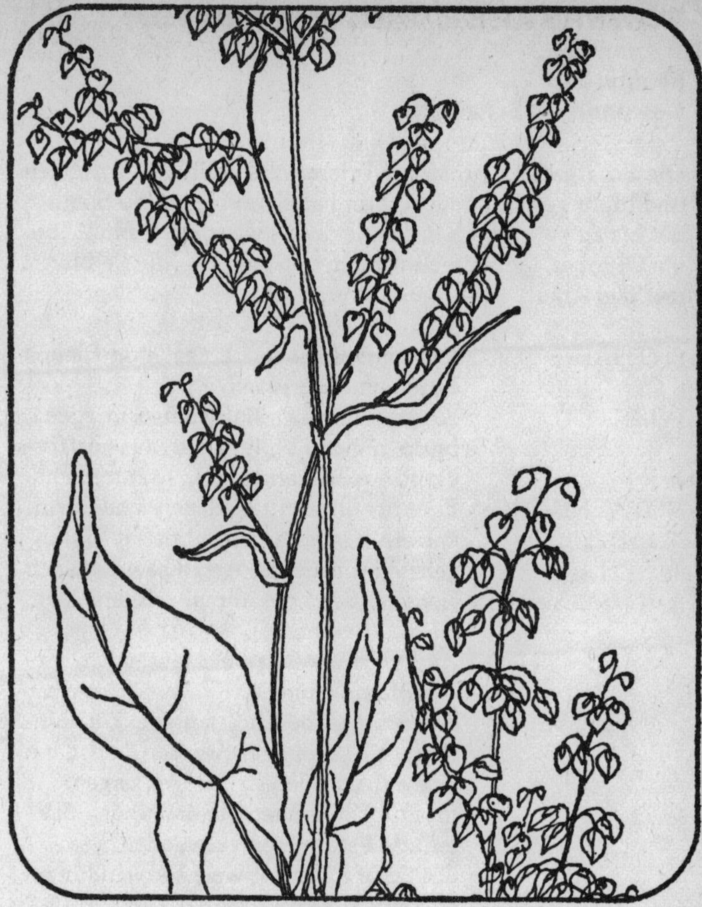

Sauerampfer

SCHAFGARBE (Achillea millefolium)

Feldgarbe
Gewöhnliche Schafgarbe

Die Schafgarbe wächst auf Wiesen, Bergabhängen, Äckern und blüht gelblich oder rötlich, hat einen behaarten Stengel, der bis zu 50 cm hoch wird. Sie duftet würzig. Sie blüht Juni bis Oktober. Gesammelt werden von Juni bis Juli die Blüten und das Kraut.

ENTHÄLT: Ätherisches Öl mit Lineol und Blauöl, Bitter- und Gerbstoff.

WIRKT: Krampflösend, stoffwechselanregend, blutreinigend, blutstillend, auswurffördernd, appetitanregend, harntreibend.

VERWENDUNG: Bei Appetitlosigkeit, Magen- und Darmkatarrh, Gallestauung, inneren Blutungen verschiedener Art, krampfartigen Herzanfällen, Asthma, Steinleiden, Gicht, Rheuma.
Äußerlich als Saft bei Hautleiden, Geschwüren, Wunden.

SONSTIGES: Die Schafgarbe muß längere Zeit hindurch eingenommen werden, um dann eine anhaltende Wirkung zu zeigen.
Im Frühjahr sollten Sie die jungen Blätter zu Mischsalaten verwenden.
Die Schafgarbe hat viele Verwendungsmöglichkeiten: Sie eignet sich für kosmetische Behandlungen, zu Gesichtsdampfbädern, Packungen für fettige und unreine Haut, geplatzte Gesichtsäderchen, für Kompressen und als Haarwasser, sowie als Badezusatz.

Schafgarben-Tee
Aufguß: 1–2 Teelöffel auf 1 Tasse Wasser, davon täglich 2 Tassen.

Saft
1 Teelöffel täglich 3mal in Wasser einnehmen.

Schafgarben-Packung gegen Falten und Pickel
Sie zerschneiden frische Blätter, lassen sie 10 Minuten leicht kochen, bis sie ein Brei sind. Das gereinigte Gesicht behandeln Sie zuerst mit warmen feuchten Tüchern, dann streichen Sie den Schafgarbenbrei auf Mull oder auf ein Tuch und legen es auf. 10 Minuten einwirken lassen – Augen werden freigelassen und mit Borwasser-Wattebäuschchen bedeckt –, danach die Packung mit lauwarmem Wasser abwaschen. Diese Packung benutzen Sie dreimal in der Woche und trinken dazu Schafgarben-Tee. Sie werden sehen, Falten und Pickel verschwinden.

SCHLEHDORN (Primus spinosa)

Dornschlehe
Schlehe
Schwarzdorn

Schlehdorn wächst an Wegen und Waldrändern und wird bis zu 3 m hoch. Er trägt weiße Blüten und später blaue runde Früchte. Gesammelt werden von April bis Mai die Blüten und von Oktober bis November die Früchte.

ENTHÄLT:	Flavonglykosid, organische Säuren, Gerbstoff, Pektin, Vitamin C, Blausäure, Apfelsäure, Kalium, Natrium, Kalzium, Magnesium, Phosphor.
WIRKT:	Stuhlfördernd, schweißtreibend, harntreibend, krampflösend.
VERWENDUNG:	Bei Magenschwäche, Durchfall, Nieren-, Blasen- und Harnleiden *Beerenmus*. Bei Lungenleiden, Bronchitis *Blütentee*. *Äußerlich* Frucht und Saft bei Mund- und Zahnfleischgeschwüren, Nasenbluten. Als *getrocknete Früchte oder Mus* für Kinder, die unter Stuhlverstopfung leiden.
SONSTIGES:	Schlehen werden erst nach Überreife oder Frosteinwirkung genießbar. Sie werden zur Herstellung von Schlehenmark, Sirup, Süßmost und Likör verwendet. Bereits in Pfahlbauten der Stein- und Bronzezeit wurden Schlehdorn-Kerne gefunden.

Schlehdorn-Tee
Aufguß: 1 Eßlöffel auf 1 Tasse Wasser, täglich je 1 Tasse davon morgens und abends trinken.

SCHLÜSSELBLUME (Primula officinalis)

Echte Primel
Echte Schlüsselblume

Die Schlüsselblume wächst auf trockenen Wiesen und in Laubwäldern. Sie blüht April bis Mai gelb, duftet, ihr Stengel kann bis zu 25 cm hoch werden. Gesammelt werden die Stengel und Blätter von März bis April, die Blüten von April bis Mai, ebenso wie der Wurzelstock.

ENTHÄLT:	Saponine, besonders in der Wurzel, ätherisches Öl.
WIRKT:	Schleimlösend, auswurffördernd und schweißtreibend.
VERWENDUNG:	Bei Erkältungskrankheiten, Bronchialkatarrh, Lungenentzündung, Rheuma, Gicht, Schlaflosigkeit.
SONSTIGES:	Es gibt außerdem die *Hohe Schlüsselblume,* die schwach duftet, ebenfalls gelbe Blüten hat, aber auf sehr hohen Stielen steht. Sie kann genauso wie die Echte Schlüsselblume verwendet werden. – Im 12. Jahrhundert empfahl die Äbtissin Hildegard »Himmelsschlüsseltee gegen Schwermut«.

Schlüsselblumen-Tee
Aufguß der Blüten: 1–2 Teelöffel auf 1 Tasse Wasser, davon täglich bis zu 3 Tassen. – *Abkochung der Wurzel:* 2 Eßlöffel auf $^1/_4$ l Wasser, davon mehrmals täglich 1 Eßlöffel. – *Wurzeln, Blätter und Blüten* mit heißem Wasser überbrüht, 2 Teelöffel dieser Mischung auf 1 Tasse Wasser, soll gegen Migräne und Gicht helfen.

Schlüsselblumen-Packung
Hilft im Frühjahr gegen Hautunreinheiten.

SCHNITTLAUCH (Allium schoenoprasum)

Schnittlauch ist die mildeste Zwiebelsorte, zugleich aber auch ein mildes Antibiotikum.

WIRKT:	Appetitanregend, magenstärkend, blutdrucksenkend.
VERWENDUNG:	Gesund für jede Diät, heilsame Wirkung auf Nieren.
SONSTIGES:	Schnittlauch ist hauptsächlich ein Küchengewürz: In Fleischbrühen, Suppen, Salaten, Eierspeisen, Gemüsesäften.

SCHÖLLKRAUT (Chelidonium majus)

Großes Schöllkraut
Schellkraut

Schöllkraut wächst an Waldrändern, Hecken. Vorsicht beim Sammeln! Anwendung sollte nur auf ärztliche Anordnung geschehen! Die Pflanze hat schwachgiftige Milch. Sie blüht goldgelb, April bis Oktober, wird bis zu 1 m hoch und hat einen hohlen Stengel. Gesammelt wird das junge Kraut sowie die Wurzel vor dem Blühen im April bis Juni.

ENTHÄLT:	Alkaloide.
WIRKT:	Krampflösend, schmerzstillend.
VERWENDUNG:	Tee und Tinktur bei Leberleiden, Gelbsucht, Gallenkoliken, Krämpfen der Unterleibsorgane, chronischem Husten. *Äußerlich* frischen Saft oder Salbe bei Ekzemen und Warzen.
SONSTIGES:	Schon früher spielte das Schöllkraut eine Rolle in der Medizin und im Aberglauben. Der gelbe Milchsaft wurde als Mittel gegen Warzen empfohlen.

Schöllkraut-Tee
Aufguß: $1/2$–1 g auf 1 Tasse Wasser, täglich 1 Tasse davon schluckweise.

Tinktur
5 Tropfen in Wasser täglich zweimal einnehmen.

SCHWARZE JOHANNISBEERE
(Ribes nigrum)

Gichtstrauch

Die schwarze Johannisbeere wird meistens angebaut, wächst selten wild. Die gelblichgrüne Blüte verwandelt sich zur schwarzen Beere. Der Strauch riecht wanzenartig und wird bis zu 1,5 m hoch. Verwendet werden die Früchte und Blätter.

ENTHÄLT: Ätherisches Öl, Vitamine, organische Säuren.

WIRKT: Harn- und schweißtreibend, zusammenziehend, fäulniswidrig.

VERWENDUNG: *Aufguß* der getrockneten Beeren zum Gurgeln.
Frische Beeren oder Saft (warm) bei Erkältungen, Halsentzündung, Grippe, Rheuma, Gicht, Hautausschlägen.
Tee bei Rheuma, Wasseransammlungen, schlechter Verdauung.
Äußerlich zur Wundbehandlung.

Schwarzer Johannisbeeren-Tee
Aufguß der Blätter: 2 Teelöffel auf 1 Tasse Wasser, täglich 1–2 Tassen.

Saft der Beeren
Täglich mehrmals eßlöffelweise.

SEIFENKRAUT (Saponaria officinalis)

Echtes Seifenkraut
Gewöhnliches Seifenkraut

Das Seifenkraut wächst an Wegen, Hecken und auf Schuttplätzen. Es blüht weiß oder rötlich, duftet etwas und wird bis zu 1 m hoch. Gesammelt werden im Mai bis Juni die Blätter, die Wurzeln von März bis April.

ENTHÄLT:	Saponine.
WIRKT:	Auswurffördernd, harn- und schweißtreibend, blutreinigend.
VERWENDUNG:	Bei Husten, Wasseransammlungen, Magen-, Darm-, Leber- und Nierenleiden, Gicht, Rheuma, Stoffwechselkrankheiten.
SONSTIGES:	Seifenkraut ist eine Nachtfalterblume. Die Blüten strömen erst am Abend und in der Nacht ihren Duft aus.

Seifenkraut-Tee
Wurzel-Abkochung: 1 Teelöffel auf 1 Tasse Wasser, vorher einige Stunden ziehen lassen, 5 Minuten kochen, abgießen. *Blätter-Aufguß:* 1 Eßlöffel auf 1 Tasse Wasser – kochend darübergegossen. Täglich von beiden bis zu 2 Tassen warm (entweder Wurzel-Abkochung oder Blätter-Aufguß).

SELLERIE (Apium graveolens)

Geilwurz

Sellerie wächst an salzhaltigen Orten, blüht grünlichweiß. Die Wurzel des meistens angebauten Knollensellerie wird bis zu 90 cm hoch. Gesammelt werden die frische Knolle oder die frischen Blätter von Frühjahr bis Herbst.

ENTHÄLT: Ätherisches Öl mit Terpenen, Schleim, Stärke, Vitamin A, B und C, Mineralsalze, Kalk, Kalium.

WIRKT: Harntreibend.

VERWENDUNG: Bei Abmagerungskuren, Gicht, Rheuma, Blasenerkrankung.

SONSTIGES: Sellerie eignet sich auch als Salat. Diabetiker und Kranke mit salzarmer Kost dürfen Sellerie auch essen.

Sellerie-Tee

Abkochung: 3 g getrocknete Blätter (oder frische) auf 1 Tasse Wasser. Oder 1 g zerstoßene Frucht auf 1 Tasse Wasser. Von Sellerie können täglich 2 Tassen getrunken werden, und zwar schluckweise.

SENF (Sinapis arvensis)

Ackersenf
Brauner Senf
Gelber Senf
Schwarzer Senf (Sinapis nigra)
Weißer Senf (Sinapis alba)

SCHWARZER SENF

hat rotbraune dunkle Samen und wird bis zu 1,20 m hoch. Der Samen wird von August bis September gesammelt.

ENTHÄLT: Ätherisches Öl.

VERWENDUNG: Der Samen wird mit lauwarmem Wasser zu einem dicken Brei verrührt, auf ein Tuch gestrichen und aufgelegt, bei Halsentzündung, Bronchialkatarrh, Entzündungen, Rheuma, Krämpfen.

Schwarze Senfkörner

2mal täglich 1 Teelöffel mit Wasser einnehmen bei Verdauungsstörungen, zur Stärkung des Magens, Reinigung der Harnorgane. Sollten Sie magenempfindlich sein, richten Sie sich bitte nach dem Rat des Arztes.

Weißer Senf

wächst auf Schuttplätzen, Feldern – oft als Unkraut –, blüht gelb in Trauben von Juni bis Juli und wird bis zu 1 m hoch. Er hat gelbe Samen, die im Juli bis August gesammelt werden.

ENTHÄLT: Glykoalkaloid, Sinalbin, fettes Öl, Schleim.

WIRKT: Hautreizend, Ableitung als Senfpflaster, appetitanregend, verdauungsfördernd.

VERWENDUNG: *Äußerlich* als Senfwickel bei Rippenfellentzündung, Gelenkentzündung, Nervenschmerzen, Rheuma, Ischias, *Fußbäder* mit Senfmehl bei erhöhtem Blutdruck.
Verwendung wie auch beim schwarzen Senf.

SONSTIGES: Vorsicht vor zu viel Senfkörnern, es kann sonst zu Entzündungen des Magens und Darms kommen. Senfkörner, als Tafelsenf verarbeitet, sind appetitanregend und verdauungsfördernd.

Ackersenf — auch Wilder Senf

ist ein Unkraut, das Sie auf Schuttplätzen und Äckern finden. Er wird bis zu 60 cm hoch, blüht ebenfalls gelb.
Die jungen Blätter und Stengelspitzen, Knospen und Blüten eignen sich zu Salat. Der Samen des Acker-Senf wird nicht zu Tafelsenf verarbeitet.

SPITZWEGERICH (Plantago lanceolata)

Großer Wegerich
Mittlerer Wegerich
Spitzfederich

Er wächst auf Feldwiesen und Weiden, blüht bräunlich und hat einen langen blattlosen Stengel, der bis zu 50 cm hoch wird. Gesammelt werden von Mai bis Juni – während der Blüte – die Blätter, die Wurzeln ab Mitte August bis Oktober.

ENTHÄLT:	Schleimstoffe, Glykosid, Aucubin.
WIRKT:	Reizmildernd, auswurffördernd, durchfallwidrig, blutreinigend.
VERWENDUNG:	Tee und Saft bei Fettleibigkeit, Durchfall, Appetitlosigkeit, bei Entzündungen in Lunge, Magen, Darm, *äußerlich* den Tee bei Quetschungen, Verbrennungen, Geschwüren, Insektenstichen.
SONSTIGES:	Außer Spitzwegerich gibt es noch den *Mittleren Wegerich* und den *Großen Wegerich*. Die Blätter aller 3 Arten haben einen bitteren salzigen Geschmack. Tee können Sie aus allen Wegerich-Arten zubereiten.

Spitzwegerich-Tee

Aufguß: 1 Eßlöffel auf 1 Tasse Wasser, täglich 1–2 Tassen.

Saft

Täglich 3mal 1 Eßlöffel in Wasser einnehmen. Der Saft eignet sich zu Blutreinigungskuren.

STIEFMÜTTERCHEN (Viola tricolor)

Acker-Stiefmütterchen
Acker-Veilchen
Feld-Veilchen
Garten-Stiefmütterchen
Muttergottesschuh
Stiefkindle
Wiesen-Stiefmütterchen
Wildes Stiefmütterchen

Das Garten-Stiefmütterchen (Viola tricolor hortensis) blüht verschiedenfarbig – eignet sich nicht für Heilzwecke.
Das Wiesen-Stiefmütterchen (Viola tricolor vulgaris) mit größeren, stärker wioletten Blüten wächst wild auf Wiesen und in höheren Lagen. Es eignet sich für Heilzwecke.
Das Acker-Stiefmütterchen (Viola tricolor) mit kleinen gelblichweißen Blüten, das auf Äckern und in Gärten wächst. Es wird bis 50 cm hoch. Man verwendet Blüten und Blätter.

ACKER-STIEF-MÜTTERCHEN ENTHÄLT:	Saponine, wenig Salizyl.
WIRKT:	Auswurffördernd, schweiß- und harntreibend, blutreinigend, stoffwechselfördernd.
VERWENDUNG:	Bei Gelbsucht, Arterienverkalkung, Gelenkrheuma, Husten, Skrofulose, *äußerlich und innerlich* bei Hautausschlägen, Milchschorf, Geschwüren, Ekzemen. Auflegen der frischen zerquetschten Pflanze.
SONSTIGES:	Zu viel Stiefmütterchentee bewirkt Erbrechen. Gesunde sollten ihn nicht trinken!

Stiefmütterchen-Tee
Aufguß: 1 Eßlöffel auf 1 Tasse Wasser, täglich 1–2 Tassen. Wirkt leicht abführend.

STRANDKAMILLE (Tripleurospernum Inodorum)

Falsche Kamille

Die Strandkamille blüht Juni bis August und wird bis zu 60 cm hoch.
Sie ähnelt der Echten Kamille, besitzt aber keinen Riechstoff oder arzneiliche Wirkung. Die beiden Kamillenarten unterscheiden sich so: Sie schneiden den Blütenstand längsseitig durch. Die Echte Kamille besitzt einen hohlen Blütenboden. Bei der geruchlosen Kamille und bei den Hundskamillen ist er mit weißlichem Mark gefüllt.
Näheres über die Echte Kamille finden Sie unter *Kamille*.

SÜSSDOLDE (Myrrhis odorata)

Die Süßdolde schmeckt leicht süßlich nach Anis und ist fast das ganze Jahr über erhältlich.
Frisch oder getrocknet mildert sie den herben Geschmack von Früchten und hebt ihren Eigengeschmack. Bei Schlankheitskuren kann Zucker durch Süßdolde ersetzt werden.

VERWENDUNG: Bei Blähungen und Verdauungsstörungen.

SÜSSHOLZ (Glycyrrhiza glabra)

Lakritzenwurzel

Das Süßholz stammt vom Mittelmeer. Es wird auf sandigem feuchten Boden angepflanzt und blüht blau bis lila mit aufrechtem Stengel. Die Wurzel ist innen gelb und holzig. Süßholz wird bis zu 2 m hoch. Gesammelt werden die fingerdicken Wurzeln von März bis April und von September bis Oktober.

ENTHÄLT:	Glyzyrrhizin (saponinartig).
WIRKT:	Hustenmildernd, auswurffördernd, harntreibend, abführend, entgiftend.
VERWENDUNG:	*Tee und Lakritze* bei Husten und Heiserkeit, Nieren- und Blasenleiden, Gicht, Rheuma.

Süßholz-Tee

Aufguß: 1 Teelöffel auf 1 Tasse Wasser, täglich davon 2 Tassen warm trinken.

TANNE (Abies pectinata s. alba)

Edeltanne
Silbertanne
Weißtanne

Die Tanne blüht von Mai bis Juni und kann bis zu 60 m hoch werden. Die Rinde ist glatt und weißlichgrau. Die Nadeln sind auf der Oberseite dunkelgrün und haben darunter bläulichweiße Längslinien. Die 15 cm langen Zapfen stehen senkrecht am Zweig und fallen nicht ab. Die Samen lösen sich einzeln aus den Zapfen, so daß die Zapfen zerfallen. Gesammelt werden die Nadeln und Knospen, Sprossen und das Harz.

VERWENDUNG: Bei Übermüdung, Nervenschwäche, Gicht, Rheuma, Hautkrankheiten.
Dampfbad bei Katarrhen, Asthma, Keuchhusten. Dazu *Tannenzapfenöl* auf kochendes Wasser gießen und einnehmen.
Öl auch *äußerlich* zum Einreiben bei Rheuma, Gicht, Ischias.

Tannennadel-Tee
Wirkt blutreinigend und fieberstillend. Geben Sie etwas Zitronensaft dazu, das erfrischt.

Badezusatz
1 kg Nadeln in 3 l Wasser, in einem geschlossenen Gefäß stark sieden. Absud ins Badewasser.

TAUBNESSEL (Lamium album)

Bienensang
Falsche Brennessel
Löffelblume
Weiße Taubnessel

Trotz ihrer Ähnlichkeit ist die weiße Taubnessel mit der Brennessel nicht verwandt, sie hat keine Brennhaare. Sie blüht April bis Oktober weiß und duftet nach Honig. Ihr hohler Stengel wird bis 50 cm hoch. Sie wächst unter Gebüschen, an Waldrändern und in Gärten. Die Blüte und das Kraut werden im Sommer gesammelt.

DIE WEISSE TAUBNESSEL ENTHÄLT:	Schleim, Gerbstoff, Saponin.
WIRKT:	Reizlindernd, auswurffördernd, verdauungsfördernd, blutreinigend.
VERWENDUNG:	*Tee* bei Lungenleiden, Katarrh der Atem- und Verdauungswege. *Umschläge* bei Krampfadern, Gicht, Fieber, Brandwunden.
SONSTIGES:	Die gelb und rot blühenden Taubnesselarten werden nicht gesammelt.

Taubnessel-Tee
Aufguß der Blätter: 1 Teelöffel auf 1 Tasse kochendes Wasser, täglich 1–2 Tassen. *Aufguß der Blüten:* 3 Eßlöffel auf $^1/_4$ l Wasser.

Tinktur
Täglich 5–10 Tropfen mehrmals.

Umschläge
mit abgekochten Blättern und Blüten.

Süßholz

TAUSENDGÜLDENKRAUT
(Erythrea centaureum)

Echtes Tausendgüldenkraut
Gemeiner Rötling
Tausendgüldenkraut

Das Tausendgüldenkraut blüht Juli bis Oktober, wird bis zu 50 cm hoch. Die Blüten werden rosa bis fleischrot. Die Pflanze wächst auf kalkarmem, sandigem Boden, in Waldlichtungen und an Waldwegen. Die Blüte öffnet sich bei starker Sonnenbescheinung. Verwendet wird das blühende Kraut.

ENTHÄLT:	Bitterstoffe.
WIRKT:	Drüsenanregend, appetitanregend, blutbildend, kräftigend.
VERWENDUNG:	Magenkatarrh, Appetitlosigkeit, Erschöpfung, Blutarmut, Fieber, Verstopfung, Gallensteine, regt den Kreislauf an, das Drüsensystem und die Leber.

Tausendgüldenkraut-Tee
Aufguß: 1 Teelöffel auf 1 Tasse, 6 Stunden kalt ziehen lassen, täglich 1 Tasse davon eßlöffelweise. 1 Teelöffel des Krautes pro Tasse, 10 Minuten heiß ziehen lassen, nicht kochen, wirkt nervenberuhigend, reinigt die Nieren. Der Tee verschönert auch die Haut.

Pulver
1 Messerspitze $^1/_2$ Stunde vor dem Essen.

THYMIAN (Thymus vulgaris)

Echter Thymian
Feldkümmel
Garten-Thymian
Gewöhnlicher Thymian
Römischer Quendel
Sand-Thymian

Sand-Thymian blüht von Juli bis Oktober und wurde früher als Heilpflanze verwendet – er hatte aber nie die Bedeutung des Echten Thymian.
Der *Echte Thymian* hat kleine rosenrote Blüten, duftet angenehm, wird bis zu 20 cm hoch und blüht von Mai bis Juni. Da wird er auch gesammelt. Er wächst auf Hügeln, an Wegen und in Gärten. Verwendet werden Blätter und Blüten ohne Stengel.

ENTHÄLT: Ätherisches Öl und Thymol, Bitter- und Gerbstoff.

WIRKT: Auswurffördernd, schmerzlindernd, desinfizierend, krampfstillend.

VERWENDUNG: Bei Keuchhusten, Lungenverschleimung, Bronchitis, Magenverschleimung, Sodbrennen, Leberleiden, Unterleibskrämpfen,
äußerlich bei Quetschungen, Verstauchungen, als Kräuterkissen, als Badezusatz nervenstärkend, bei Rheuma, Nervenschwäche, Schlaflosigkeit, auch für Kinder.

SONSTIGES: Bekanntes Gewürz! Thymian wird auch als Zusatz zu Parfüm, Gurgelwasser und Desodorierungsmitteln genommen, früher sogar als Mottenpulver.

Thymian-Tee
Aufguß: 1 Teelöffel auf 1 Tasse Wasser, ziehen lassen, nicht kochen! Davon täglich 2 Tassen warm trinken.

Badezusatz
Auf 1 Bad ca. 100 g Thymian.

TORMENTILLE (Potentilla erecta)

Ruhrwurz
Tormentill

Die Tormentille wächst auf Waldwiesen, Heiden, Bergwiesen. Sie blüht von Juni bis Herbst gelb. Ihr Stengel wird 50 cm hoch. Der Wurzelstock ist innen weiß und verfärbt sich lachs und fleischrot. Die Wurzeln werden im Sommer gesammelt.

ENTHÄLT: Gerbstoffe.
WIRKT: Zusammenziehend, blutstillend, entgiftend, leicht krampfstillend.
VERWENDUNG: Bei Durchfall, Ruhr, Darmkatarrh, Blutungen aller Art,
äußerlich bei Wunden,
als Gurgelwasser bei Munderkrankungen, Rachenkatarrh.
Vorsicht vor zu viel Tormentille!

Tormentille-Tee
Wurzel-Abkochung: 1 Teelöffel auf 1 Tasse, täglich 1 bis 2 Tassen schluckweise trinken. *Absud von der Wurzel* (auch als Pulver) mit heißem Wasser aufbrühen, ziehen lassen, abseihen, eßlöffelweise trinken.

Tinktur
Täglich mehrmals 20 bis 30 Tropfen.

VEILCHEN (Viola odorata)

März-Veilchen
Wohlriechendes Veilchen

Das Veilchen blüht blau-violett und wird bis zu 10 cm hoch. Es blüht an Hecken und Waldrändern. Gesammelt wird die duftende Blüte ohne Kelch von März bis April oder die ganze blühende Pflanze mit Wurzel von September bis Oktober.

ENTHÄLT:	Saponine.
WIRKT:	Auswurffördernd, schweiß- und harntreibend, drüsenanregend, schleimlösend, krampf- und schmerzstillend.
VERWENDUNG:	Bei Keuchhusten, *äußerlich* zum Gurgeln bei Angina. *Sirup* eignet sich gut für Kinder. Die stärkere Abkochung der Wurzel können Sie auch schluckweise als Brechmittel einnehmen.

Veilchen-Tee
Abkochung der Blüten: Vorher mehrere Stunden ziehen lassen; *Wurzel:* $^1/_2$ Teelöffel auf 1 Tasse Wasser, davon täglich 2mal 1 Tasse trinken.

WACHOLDER (Juniperus communis)

Gewöhnlicher Wacholder
Heide-Wacholder
Machandel

Der Wacholder wächst auf Heiden, an Berghängen, auf Moorboden als Nadelholz und kann bis zu 10 m hoch werden. Der Strauch oder Baum blüht gelb und trägt als Frucht blaue Beeren. Gesammelt werden die reifen blauen zweijährigen Beeren von September bis Oktober sowie die Zweigspitzen im ganzen Jahr.

ENTHÄLT:	Ätherisches Öl mit Junen, Zucker, Gerbstoff, Harz.
WIRKT:	Appetitanregend, harntreibend, blutreinigend, harndesinfizierend.
VERWENDUNG:	Bei Magen- und Darmbeschwerden, Wassersucht, Rheuma, Ischias, Appetitlosigkeit.
SONSTIGES:	Würzmöglichkeiten gibt es viele. Gebrauchen Sie den Wacholder nur in kleinen Mengen, er wirkt sonst nierenreizend.

Wacholder-Tee
Abkochung: 1 Eßlöffel zerquetschte, getrocknete *Beeren* oder 1 Eßlöffel *Mus* – oder 1 Teelöffel *Sirup* auf 1 Tasse Wasser, davon täglich bis zu 2 Tassen trinken.

WALDERDBEERE (Fragaria vesca)

Rotbeere

Die Walderdbeere blüht im Frühjahr mit weißen Blüten unter Gebüschen, auf Wiesen, am Waldrand. Sie trägt eine kleine dunkelrote Frucht. Gesammelt werden die Blätter und Früchte.

ENTHÄLT:	Gerbstoffe, organische Säuren, Zucker (in der Frucht).
WIRKT:	Mild wassertreibend und abführend, leber- und nierenreinigend, stopfend, blutstillend, zusammenziehend.
DIE FRUCHT WIRKT:	Kühlend und beruhigend.
VERWENDUNG:	Bei Katarrh der Luftwege, Durchfall, zu starker Menstruation, Leberleiden, Hautunreinheiten, Blutarmut, Gicht, Rheuma.
SONSTIGES:	Kneipp schreibt, daß der Tee aus getrockneten Blättern und Wurzeln die Funktion der Leber anregt. Wer zu Nesselausschlag neigt, sollte die Erdbeere meiden – obwohl der Ausschlag oft nur die verstärkte Ausscheidung von Krankheitsstoffen bedeutet.

Walderdbeer-Tee

Aufguß: 1 Eßlöffel auf 1 Tasse Fruchtsaft, davon täglich 2 Eßlöffel.

Frische Früchte

Täglich bis 500 g.

WALDMEISTER (Asperula odorata)

Maikraut

Der Waldmeister wächst in Buchen- und Laubwäldern und Gebirgen. Er blüht im Mai bis Juni mit kleinen weißen Blüten. Gesammelt wird das Kraut vor der Blüte, April bis Mai.

ENTHÄLT:	Cumaringlykosid.
WIRKT:	Leicht schweiß- und harntreibend, beruhigend, blutreinigend.
VERWENDUNG:	*Tee* gegen Kopfschmerzen und Migräne, stärkt die Funktion von Leber und Galle, bei Schlaflosigkeit, Wassersucht, Menstruationsleiden, Neuralgien. *Äußerlich* hilft das Kraut als Auflage bei Kopfschmerzen, Ausschlägen und Geschwüren.
SONSTIGES:	Ebenso wie Waldmeister-Tee hilft auch Waldmeisterwein. Die Würzkraft ist am stärksten vor oder während der Blüte. Früher wurde Waldmeister in Schränke als Kräuterkissen gelegt, um Motten zu verjagen. Sie werden ihn auch als Würze für die Mai-Bowle kennen. Allerdings sollten Sie nicht zuviel in die Bowle geben, Ihre Gäste könnten sonst Kopfschmerzen, Schwindelanfälle, Erbrechen davon bekommen. Das in dem Waldmeister enthaltene Cumarin ist schwach giftig und zugleich aromatisierend. Bitte, sparsam verwenden!

Waldmeister-Tee

Aufguß oder Kaltwasserauszug: 2 Teelöffel auf 1 Tasse Wasser, davon täglich 1–2 Tassen trinken. Nicht mehr! Nicht kochen, in heißem Wasser ziehen lassen (bis zu 1/2 Std.).

WALNUSS (Juglans regia)

Baum-Nuß
Nußbaum
Welsche Nuß

Der Nußbaum kann bis zu 20 m hoch werden, er blüht grün, seine Frucht ist rund und grün mit bitterer Außenschale. Sie wird später bräunlich-schwarz und fällt ab. Die Blätter werden Juni bis Juli gesammelt, die Schalen bei der Fruchternte im Oktober.

ENTHÄLT:	Gerbstoff, ätherisches Öl, Bitterstoff, Juglon.
WIRKT:	Zusammenziehend, blutreinigend und wurmabtreibend.
VERWENDUNG:	Die frischen, sofort getrockneten Blätter (um wirksam zu sein, müssen sie grün bleiben) als Blutreinigungsmittel, bei Magen- und Darmverschleimung, gegen Rheuma, Zuckerkrankheit, Gelbsucht. Die grüne Schale unreifer Walnüsse ist magenstärkend. Blätter-Abkochung als Badezusatz bei Hautleiden, Drüsengeschwüren, Skrofulose.
SONSTIGES:	Die Blätter haben auch kosmetische Eigenschaften: Sie helfen bei Haarausfall und Hautleiden. Extrakte daraus dienen auch als Haarfärbemittel.

Walnuß-Tee
Aufguß: 2 Teelöffel auf 1 Tasse heißes Wasser, 10 Minuten ziehen lassen, täglich bis 2 Tassen.

Badezusatz
$^1/_2$ kg getrocknete Blätter auf 2 l Wasser, eine halbe Stunde kochen, abgießen.

WEGWARTE (Cichorium intybus)

Gemeine Wegwarte
Wilde Zichorie

Auch wilder Chicoree genannt – wächst auf Wiesen und blüht hellblau von Juli bis September, hat einen behaarten Stengel, der bis zu 1,50 m hoch wird, und enthält bitteren Milchsaft. Verwendet werden die Blüten, Blätter und Wurzeln – im Sommer gesammelt – für Saft oder getrocknet für Tee.

ENTHÄLT:	Bitterstoff, in den Wurzeln Inulin.
WIRKT:	Galletreibend, verdauungsfördernd, harntreibend, blutreinigend.
VERWENDUNG:	Bei Gelbsucht, Verdauungsschwäche, Magenkatarrh, Hautausschlag.

Wegwarte-Tee

Die zerschnittene *Wurzel* mit kochendem Wasser übergossen gegen Magen- und Darmdrücken. 20 g *Wurzel* mit $^1/_4$ l Wasser 5 Minuten kochen (für alle oben aufgeführten Leiden). *Abkochung von Kraut und Wurzel:* 1 Teelöffel auf 1 Tasse Wasser, davon täglich 2 Tassen trinken. *Tee von Kraut* (reinigt Lunge, Leber, Nieren), *Tee von Blüten und Blättern* (regt Leberfunktion an).

Saft

Täglich 3mal 1 Eßlöffel.

Kraut

Mit Essig oder Zitrone als Salat zubereitet (gegen Nierensteine und Würmer).

WEISSDORN (Crateaegus oxycantha)

Eingriffeliger Weißdorn **Mehlbeeren**
Hagedorn **Zweigriffeliger Weißdorn**

Der dornige mittelgroße Weißdorn-Strauch (manchmal auch als kleiner Baum) blüht April bis Mai weiß in Laub- und Föhrenwäldern, an Zäunen und Hecken. Gesammelt werden die Blüten, die Früchte nach der Reife im Herbst. Die reifen roten mehligen Beeren schmecken süßsauer.

ENTHÄLT: Kalium, Natrium, Kalzium, Phosphor, Aluminium, Vitamin C, Crateaegussäure, Triterpensäure, Flavone, Saponin.

WIRKT: Herzstärkend, beruhigend, blutdruckherabsetzend.

VERWENDUNG: Bei Bluthochdruck, leichten Fällen von Herzschwäche, nervösen Störungen, besonders des Kreislaufs.

Aus frischen Früchten hergestellte *Essenz* bei Herzschwäche, Darmträgheit, Schlaflosigkeit, Schwindelanfälle, Ohrensausen.

SONSTIGES: Mus aus Blüten und Früchten galt früher als Mittel gegen Fettleibigkeit.

Der sogenannte *eingriffelige Weißdorn* wird ebenso angewandt.

Im Mittelalter wurden die Blüten gegen Gicht und Blasensteine, die Früchte als Mittel gegen Durchfall gegeben, heute werden die Früchte zu Saft, Gelee und Marmelade verarbeitet.

Weißdorn-Tee

Aufguß der Blüten und Früchte: 1 Eßlöffel auf 1 Tasse Wasser täglich 1 Tasse schluckweise.

Tinktur und Extrakt

Täglich 10 Tropfen bis zu 5mal.

WERMUT (Artemisia absinthium)

Absinth
Absinthkraut
Echter Wermut

Die Pflanze wächst in Weinbergen, an Mauern, Felsen – sie hat eine gelbe Blütenähre und wird bis zu 1,25 m hoch. Sie duftet würzig. Gesammelt werden im Mai bis August die Blätter und blühenden Spitzen.

ENTHÄLT:	Ätherisches Öl mit Thujon, Bitterstoffe.
WIRKT:	Drüsenanregend, verdauungsfördernd, galletreibend, kreislaufanregend, blutverbessernd.
VERWENDUNG:	Bei Fettsucht und Stoffwechselstörungen, Appetitlosigkeit, Magen- und Darmkatarrh, Koliken, Leberleiden, Gelbsucht, als Fieber- und Wurmmittel. *Äußerlich* Tinktur bei Quetschungen. Nicht zu trinken bei Blutungen und Magengeschwüren!
SONSTIGES:	Sie sollten auf jeden Fall erst Ihren Arzt fragen, in welchen Mengen Sie Wermut einnehmen können. Höhere Dosen von Wermut können zu Nierenreizung führen.

Wermut-Tee
Aufguß: $^1/_2$–1 Teelöffel auf 1 Tasse Wasser, täglich 1 Tasse teelöffelweise trinken.

Pulver
1 Messerspitze auf das Essen streuen.

Tinktur
15 Tropfen 3mal täglich.

Wermut-Wein
Vor dem Essen 1 kleines Glas.

WIESENKNOPF (Sanguisorba officinalis)

Der Wiesenknopf hat saftige Blätter. Sie bekommen ihn den ganzen Winter über. Gesammelt werden die frischen Blätter, die Sie vorsichtig trocknen.

WIRKT:	Stärkend und harntreibend.
VERWENDUNG:	Für Nieren (heißer Tee), Leber, Galle (reinigend).
SONSTIGES:	Als *Stärkungsmittel* eisgekühlt, als Tonikum, sehr gesund als Salat oder zu Getränken. *Badezusatz oder Gesichtsdampfbad* (siehe Kamille) stärkt und verschönert die Haut.

YSOP (Hyssopus officinalis)

Hysop
Ispenkraut

Ysop wächst auf trockenen Kalkböden, blüht blau oder weiß als Halbstrauch und wird bis zu 50 cm hoch. Im Juni bis August werden Blüten, Blätter und Kraut gesammelt.

ENTHÄLT:	Ätherisches Öl, Flavonglykoside, Gerbstoff.
WIRKT:	Auswurffördernd, zusammenziehend, schweißhemmend, verdauungsfördernd.
VERWENDUNG:	Bei Husten, Heiserkeit, Asthma, Rheuma, Magen- und Darmbeschwerden, gegen Würmer. *Äußerlich* bei Wunden, *Umschläge* aus frischen Blättern bei Rheuma, als Gurgel- und Augenwasser, bei Zahnfleischentzündung, Mandelentzündung.
SONSTIGES:	Nehmen Sie den Tee nicht, ohne Ihren Arzt zu fragen! Früher wurde Ysop gegen Würmer verordnet. Auch als Gewürz wird Ysop verwendet.

Ysop-Tee
Aufguß: 2 bis 3 g auf 1 Tasse Wasser, täglich bis 2 Tassen trinken. *Oder* 1 Teelöffel Kraut auf 1 Tasse Wasser. Das kochende Wasser wird über die Blätter geschüttet, danach 5–10 Minuten ziehen lassen und abgießen.

ZINNKRAUT (Equisetum arvense)

Acker-Schachtelhalm
Schachtelhalm

Das Zinnkraut wächst auf Äckern, Wiesen, hat keine Blüte und wird bis zu 40 cm hoch. Sein Stengel hat kleine Knoten – an den fruchtbaren Frühlingstrieben sitzen bräunliche Ähren. Unfruchtbar sind die Sommertriebe. Gesammelt werden die grünlichen Sommertriebe von Mai bis August.

ENTHÄLT:	Kieselsäure, Saponine.
WIRKT:	Antiseptisch, blutstillend, harntreibend, lungengewebefestigend.
VERWENDUNG:	Bei wäßriger Rippenfellentzündung, Arterienverkalkung, Blutungen, Rheuma, Gicht, als *Gurgelwasser* bei Mandel- und Zahnfleischentzündung, Mund- und Zahnfäule.
SONSTIGES:	Die grünen Triebe vorsichtig trocknen! Zinnkraut verwendete man früher auch als Putzmittel für Metalle.

Zinnkraut-Tee
1 Eßlöffel auf 1 Tasse Wasser 30 Minuten kochen, davon täglich 1–2 Tassen warm trinken (bei Harnleiden), schluckweise bei Lungenleiden, 1 Tasse bei Magenbluten.

ZITRONE

Citrus

Die Zitrone, Frucht des Zitronenbaumes, ist ein mittelmeerisches Gewächs. Er blüht und trägt Früchte während des ganzen Jahres.
Die Zitrone findet in der Heilkunst hauptsächlich Anwendung wegen ihres hohen Gehalts an Vitamin C und P. Anstelle von Essig verwenden Sie für frische Salate am besten Zitronensaft (auch bei jeder Art von Diätkost).
Zitronensaft, eisgekühlt oder heiß getrunken, können Sie mit Zucker oder Honig süßen.

SONSTIGES:	Früher wurde die Zitrone besonders bei der Schiffahrt gegen Skorbut gegeben.

ZITRONENSTRAUCH (Lippia citriodora)

Die Pflanze kommt aus Chile. Duft und Geschmack der Blätter erinnern an die Zitrone. Verwendet werden die jungen Blätter.

WIRKT:	Beruhigend.
VERWENDUNG:	Bronchialkatarrh, Katarrh der oberen Luftwege, als Tee.
SONSTIGES:	In Fruchtgetränke, Salate, Marmeladen anstelle von Zitrone.

ZWIEBEL (Allium cepa)

Bolle

Die Zwiebel wird bei uns im Garten gezogen. Sie blüht von Juni bis August grünlichweiß mit grünem hohlem Stengel, der bis zu 1 m hoch werden kann.
Es gibt auch die kleinere, innen bläuliche (scharfe) Zwiebel, die Schalotte. Diese wird zum Würzen genommen.
Verwendet werden die Zwiebeln – die Knollen –, die im August bis Oktober gesammelt werden.

ENTHÄLT:	Ätherisches Öl, herzwirksame Stoffe, Vitamin C.
WIRKT:	Harntreibend, Gallebildung steigernd, auswurffördernd, blutzuckersenkend.
VERWENDUNG:	Bei Nierengrieß und Nierensteinen, Wassersucht, leichte Zuckerkrankheit, Heiserkeit, Halsentzündung, Katarrh der Luftwege, Blähungen, Herzschwäche, *äußerlich* – zerdrückt – bei Insektenstichen, leichten Verbrennungen, Frostbeulen, Furunkeln, Geschwüren, Rheuma.
SONSTIGES:	Verwechseln Sie die Speisezwiebel nicht mit Blumenzwiebeln – eine ›giftige Verwechslung‹! Nicht zuviel rohe Zwiebel essen!

Zwiebel-Sirup

Bei Heiserkeit, Verschleimung der oberen Luftwege, Halsentzündung, Keuchhusten.

Saft

Bei Nierensteinen – nicht aber bei Nierenentzündung – 3mal täglich 1 Teelöffel einnehmen.

Abkochung

Mit Zucker oder Honig süßen.

Weißdorn

Anwendungsmöglichkeiten der Kräuter

Abmagerung (gegen)	Isländisch Moos
Akne	Frauenmantel, Klette
Angina	Bibernelle, Bockshornklee, Salbei, Veilchen
Appetitlosigkeit	Angelika, Bockshornklee, Dost, Enzian, Hopfen, Löwenzahn, Majoran, Raute, Rettich, Sanddorn, Rosmarin, Schafgarbe, Spitzwegerich, Tausendgüldenkraut, Wacholder, Wermut
Arterien (Arterienverkalkung)	Blasentang, Knoblauch, Mistel, Stiefmütterchen, Zinnkraut
Asthma	Dost, Fichte, Kerbel, Majoran, Schafgarbe, Tanne, Ysop
Atmung	Berberitze, Raute
Augen (Augenentzündung, entzündete Augenlider, Augenkompressen, Augenbäder)	Augentrost, Eisenkraut, Fenchel, Holunder, Kamille, Königskerze, Kornblume, Lavendel, Rittersporn, Ysop
Ausschlag → Hautausschlag	
Badezusatz	Angelika, Bohnenkraut, Brombeere, Dost, Fichte, Hafer, Heublumen, Holunder, Kalmus, Kamille, Liebstöckel, Roßkastanie, Schafgarbe, Thymian, Walnuß
Basedowsche Krankheit	Blasentang
Beulen	Holunder
Bienenstiche	Bohnenkraut
Blase (Blasenleiden, Blasensteine, Blasenkatarrh)	Apfel, Bärentraube, Basilikum, Birke, Bohne, Brennessel, Ginster, Goldrute, Hafer, Heidelbeere, Hopfen, Isländisch Moos, Johanniskraut, Katzen-

	pfötchen, Lein, Linde, Preiselbeere, Sellerie, Süßholz, Schlehdorn
Blähungen	Baldrian, Basilikum, Dill, Dost, Fenchel, Kalmus, Raute, Süßdolde, Zwiebel
Blutdruck (erhöhter)	Mistel
Bluterguß	Heublumen
Bluthusten	Eiche
Blutarmut	Bitterklee, Eiche, Enzian, Kalmus, Tausendgüldenkraut, Walderdbeere
Blutkreislauf	Arnika
Blutungen	Arnika, Brennessel, Eiche, Frauenmantel, Hirtentäschchen, Mistel, Schafgarbe, Tormentille, Zinnkraut
Brandwunden	Benediktenkraut, Eiche, Hauswurz, Johanniskraut, Taubnessel
Bronchialkatarrh (Bronchitis)	Anis, Fenchel, Apfel, Bibernelle, Dost, Eberwurz, Eibisch, Holunder, Huflattich, Isländisch Moos, Klee, Kreuzblume, Liebstöckel, Lungenkraut, Malve, Meerrettich, Meisterwurz, Zitronenstrauch, Schlehdorn, Schlüsselblume, Senf, Thymian
Darm (Darmkatarrh, Darmentzündung, Darmleiden, Darmgeschwüre, Darmkrämpfe, Darmschleimhautentzündung)	Baldrian, Benediktenkraut, Bitterklee, Brennessel, Brombeere, Dost, Eberesche, Eiche, Fenchel, Frauenmantel, Hafer, Heidelbeere, Heublumen, Isländisch Moos, Johanniskraut, Kapuzinerkresse, Kalmus, Kamille, Kümmel, Lein, Löwenzahn, Majoran, Malve, Melisse, Pfefferminze, Ringelblume, Seifenkraut, Roßkastanie, Salbei, Schafgarbe, Spitzwegerich, Tormentile, Wacholder, Walnuß, Wermut, Ysop
Depression	Baldrian, Johanniskraut

Diabetiker	Beifuß, Bohne, Brennessel, Dill, Hafer, Klette, Sellerie, Walnuß, Zwiebel
Diät	Kapuzinerkresse, Schnittlauch, Sellerie
Drüsen (Drüsengeschwür)	Malve, Walnuß
Durchfall	Beifuß, Bibernelle, Brombeere, Eberesche, Eibisch, Eiche, Frauenmantel, Hauswurz, Heidelbeere, Himbeere, Linde, Lungenkraut, Nelkenwurz, Pfefferminze, Preiselbeere, Roßkastanie, Salbei, Schlehdorn, Spitzwegerich, Tormentille, Walderdbeere
Ekzeme	Erdrauch, Klette, Löwenzahn, Schöllkraut, Stiefmütterchen
Entzündungen	Aloë, Apfel, Arnika, Bibernelle, Eibisch, Malve, Senf, Spitzwegerich
Erbrechen	Beifuß, Pfefferminze
Erkältung	Apfel, Brunnenkresse, Hagebutte, Heublumen, Huflattich, Kapuzinerkresse, Klee, Königskerze, Linde, Lungenkraut, Majoran, Preiselbeere, Raute, Schlüsselblume, Schwarze Johannisbeere
Erschöpfung	Arnika, Bitterklee, Bohnenkraut, Eisenkraut, Fichte, Hafer, Johanniskraut, Preiselbeere, Rosmarin, Sanddorn, Tausendgüldenkraut
Erregungszustände	Hopfen
Falten	Fenchel
Fäulnisbildung	Linde
Fettsucht (Fettleibigkeit)	Blasentang, Sauerklee, Spitzwegerich, Wermut
Fieber (Fieberhafte Erkrankungen, Wechselfieber)	Apfel, Basilikum, Birke, Bockshornklee, Eberesche, Huflattich, Melisse, Preiselbeere, Taubnessel, Wermut
Flechten	Kamille, Klette, Ringelblume, Roßkastanie

Frostbeulen	Benediktenkraut, Eiche, Roßkastanie, Zwiebel
Frühjahrsmüdigkeit (Frühjahrskur)	Fichte, Hopfen, Huflattich, Kerbel, Sanddorn, Sauerampfer
Furunkel	Greiskraut, Heublumen, Klee, Klette, Zwiebel
Galle (Gallenkolik, Gallenstauung, Gallenleiden, Gallenstörungen, Gallenabsonderung)	Basilikum, Benediktenkraut, Berberitze, Brennessel, Enzian, Erdrauch, Hafer, Hagebutte, Heublumen, Katzenpfötchen, Kerbel, Knoblauch, Lein, Löffelkraut, Löwenzahn, Pfefferminze, Quecke, Rettich, Rittersporn, Schafgarbe, Schöllkraut, Waldmeister, Wiesenknopf, Tausendgüldenkraut
Gasbildung	Linde
Gelbsucht → Leber	
Gelenk (Gelenkentzündungen)	Fichte, Senf, Stiefmütterchen
Geschwüre	Benediktenkraut, Eibisch, Eiche, Eisenkraut, Frauenmantel, Greiskraut, Hauswurz, Heublumen, Holunder, Hopfen, Kamille, Klee, Klette, Knoblauch, Lein, Liebstöckel, Linde, Malve, Rainfarn, Raute, Ringelblume, Schafgarbe, Spitzwegerich, Stiefmütterchen, Waldmeister, Zwiebel
Gesicht (Gesichtsdampfbäder, Gesichtsakne, Gesichtspackung)	Basilikum, Bohne, Brennessel, Brombeere, Fenchel, Holunder, Huflattich, Kamille, Linde, Salbei, Schafgarbe
Gicht	Angelika, Apfel, Bibernelle, Birke, Bohne, Farnkraut, Fichte, Ginster, Hafer, Hagebutte, Heublumen, Johanniskraut, Kerbel, Klette, Knoblauch, Meisterwurz, Preiselbeere, Quecke, Rainfarn, Seifenkraut, Sellerie, Süßholz, Schafgarbe, Schlüsselblume, Schwarze Johannisbeere, Tanne, Taubnessel, Walderdbeere, Zinnkraut

Grießleiden	Eisenkraut, Ginster
Grippe	Holunder, Lungenkraut, Schwarze Johannisbeere
Gurgelwasser	Arnika, Bibernelle, Bockshornklee, Brombeere, Eberesche, Eibisch, Eiche, Eisenkraut, Fenchel, Goldrute, Heidelbeere, Kamille, Königskerze, Majoran, Malve, Nelkenwurz, Salbei, Schwarze Johannisbeere, Tormentille, Veilchen, Ysop, Zinnkraut
Haar (Haarwuchsmittel)	Brennessel, Kamille, Rosmarin
Hals (Halsentzündung, Halserkrankungen)	Bockshornklee, Brombeere, Eisenkraut, Fenchel, Heidelbeere, Kapuzinerkresse, Königskerze, Lungenkraut, Salbei, Schwarze Johannisbeere, Senf, Zwiebel, Nelkenwurz
Hämorrhoiden	Eiche, Erdrauch, Greiskraut, Hirtentäschchen, Roßkastanie
Harn (Harngrieß, Harnsteine, Harnverhaltung, Harnsäure-Erkrankungen)	Bärentraube, Birke, Eibisch, Goldrute, Schlehdorn
Haut (Hautausschlag, Hautunreinheiten)	Andorn, Birke, Brennessel, Bohne, Brombeere, Erdrauch, Fenchel, Fichte, Frauenmantel, Goldrute, Hauswurz, Heidelbeere, Heublumen, Himbeere, Holunder, Kerbel, Königskerze, Liebstöckel, Linde, Meerrettich, Schafgarbe, Schwarze Johannisbeere, Stiefmütterchen, Tanne, Walnuß, Walderdbeere, Wegwarte
Heiserkeit	Apfel, Arnika, Augentrost, Bibernelle, Eberesche, Eibisch, Fenchel, Isländisch Moos, Königskerze, Lein, Lungenkraut, Malve, Süßholz, Ysop, Zwiebel
Herz (Herzklopfen) (Herzschwäche)	Baldrian, Enzian, Ginster, Knoblauch, Liebstöckel, Löffelkraut, Melisse, Raute, Rosmarin, Schafgarbe, Weißdorn, Zwiebel

Husten (Keuchhusten, Erkältungshusten)	Aloë, Andorn, Anis, Apfel, Augentrost, Dost, Eibisch, Fenchel, Fichte, Hafer, Holunder, Isländisch Moos, Klatsch-Mohn, Lungenkraut, Majoran, Malve, Rettich, Rittersporn, Seifenkraut, Süßholz, Schöllkraut, Stiefmütterchen, Tanne, Thymian, Veilchen, Ysop
Infektionskrankheiten	Hagebutte, Kapuzinerkresse
Insektenstiche	Meerrettich, Melisse, Salbei, Spitzwegerich, Zwiebel
Ischias	Hagebutte, Holunder, Johanniskraut, Lavendel, Meerrettich, Senf, Tanne, Wacholder
Katarrh der Luftwege	Andorn, Angelika, Anis, Bockshornklee, Fichte, Huflattich, Katzenpfötchen, Knoblauch, Königskerze, Kreuzblume, Liebstöckel, Linde, Quecke, Zitronenstrauch, Salbei, Taubnessel, Walderdbeere, Zwiebel
Katarrh der Nahrungswege (Katarrh des Magen- und Darmkanals, der Verdauungswege)	Andorn, Bockshornklee, Brombeere, Dost, Katzenpfötchen, Lavendel, Liebstöckel, Quecke, Taubnessel
Kehlkopfkatarrh (Kehlkopfentzündung)	Anis, Bibernelle, Hafer
Keuchhusten → *Husten*	
Koliken	Beifuß, Eibisch, Fenchel, Greiskraut, Kalmus, Klee, Kümmel, Nelkenwurz, Rosmarin, Roßkastanie, Wermut
Kopf (Kopfschmerzen, Kopfdruck)	Baldrian, Eisenkraut, Faulbaum, Johanniskraut, Pfefferminze, Rosmarin, Waldmeister
Klimakterium → *Wechseljahre* (Klimakterische Schmerzen und Beschwerden)	
Krampfadern	Andorn, Farnkraut, Mistel, Rainfarn, Roßkastanie, Taubnessel

Krämpfe (Krampfartige Zustände)	Baldrian, Raute, Schöllkopf, Senf
Kropf	Blasentang
Kleinkinder (Kinder)	Fenchel, Veilchen
Kreislaufstörungen	Mistel
Kurzatmigkeit	Faulbaum
Leberleiden (Leberschwellung, Gelbsucht, Leberstauung, Leberstörung)	Andorn, Augentrost, Benediktenkraut, Berberitze, Brennessel, Eiche, Eisenkraut, Erdrauch, Faulbaum, Greiskraut, Hafer, Heublumen, Johanniskraut, Kerbel, Knoblauch, Kümmel, Löwenzahn, Nelkenwurz, Petersilie, Pfefferminze, Quecke, Rettich, Seifenkraut, Wegwarte, Wiesenknopf, Rosmarin, Schöllkraut, Stiefmütterchen, Tausendgüldenkraut, Thymian, Walnuß, Walderdbeere, Waldmeister, Wermut
Leibschmerzen	Klee
Lunge (Lungenleiden, Lungenentzündung, Lungenbluten)	Berberitze, Bockshornklee, Brunnenkresse, Hafer, Hirtentäschchen, Isländisch Moos, Knoblauch, Kreuzblume, Lungenkraut, Schlehdorn, Schlüsselblume, Spitzwegerich, Taubnessel, Thymian
Magen (Magenkatarrh, Magenkrämpfe, Magenschwäche, Magengeschwür, Magenschleimhautentzündung, Magenleiden)	Angelika, Arnika, Augentrost, Baldrian, Basilikum, Beifuß, Bitterklee, Brombeere, Benediktenkraut, Dill, Dost, Eberwurz, Eiche, Eibisch, Enzian, Fenchel, Hafer, Heidelbeere, Heublumen, Hirtentäschchen, Isländisch Moos, Johanniskraut, Kapuzinerkresse, Kalmus, Kamille, Knoblauch, Kümmel, Lein, Majoran, Malve, Meisterwurz, Meerrettich, Melisse, Pfefferminze, Raute, Ringelblume, Seifenkraut, Spitzwegerich, Thymian, Wacholder, Ysop

Magerkeit	Bockshornklee
Mandeln (Mandelentzündung)	Arnika, Malve, Ysop, Zinnkraut
Menstruation	Eiche, Frauenmantel, Kamille, Kümmel, Nelkenwurz, Rosmarin, Walderdbeere, Waldmeister
Migräne	Baldrian, Johanniskraut, Pfefferminze, Waldmeister
Milchschorf	Klette, Stiefmütterchen
Milz (Milzstauung)	Eisenkraut, Faulbaum, Hafer, Quecke
Mund (Entzündung der Mundhöhle, Mundgeruch, Mundschleimhautentzündung, Mundfäule)	Brombeere, Dill, Eibisch, Eisenkraut, Goldrute, Heidelbeere, Kamille, Malve, Melisse, Schlehdorn, Tormentille, Zinnkraut
Müdigkeit	Andorn
Nase (Nasenkatarrh, Nasenbluten)	Augentrost, Greiskraut, Kamille, Löffelkraut, Majoran, Schlehdorn
Nerven (Nervöse Leiden, Nervenschmerzen, Nervenschwäche)	Baldrian, Beifuß, Eisenkraut, Fichte, Heublumen, Johanniskraut, Meerrettich, Senf, Tanne, Thymian, Weißdorn
Neuralgien (Neuralgische Schmerzen)	Angelika, Baldrian, Bitterklee, Holunder, Johanniskraut, Kamille, Lavendel, Pfefferminze, Waldmeister
Niedriger Blutdruck	Ginster
Nieren (Nierenbluten, Nierenstauung, Nierenleiden, Nierenentzündung, Nierensteine, Nierenbeckenentzündung)	Apfel, Birke, Brunnenkresse, Basilikum, Bärentraube, Bohne, Brennessel, Eberesche, Eberwurz, Eiche, Hafer, Hagebutte, Eisenkraut, Goldrute, Greiskraut, Hirtentäschchen, Löffelkraut, Isländisch Moos, Kamille, Knoblauch, Lein, Linde, Löwenzahn, Preiselbeere, Schnittlauch, Seifenkraut, Süßholz, Schlehdorn, Wiesenknopf, Zwiebel

Ohnmacht	Enzian
Ohrenleiden (Ohrensausen)	Lavendel, Melisse, Petersilie, Weißdorn
Quetschungen	Arnika, Heublumen, Johanniskraut, Kerbel, Lavendel, Ringelblume, Spitzwegerich, Thymian
Rachen (Rachenentzündung)	Bibernelle, Goldrute, Hafer, Kamille, Malve, Tormentille
Rheuma (Rheumatische Schmerzen)	Angelika, Apfel, Beifuß, Birke, Bohne, Borretsch, Eberesche, Farnkraut, Fichte, Hafer, Hagebutte, Heublumen, Johanniskraut, Kamille, Katzenpfötchen, Klette, Knoblauch, Kümmel, Lavendel, Löffelkraut, Löwenzahn, Meisterwurz, Meerrettich, Melisse, Petersilie, Pfefferminze, Preiselbeere, Quecke, Rainfarn, Seifenkraut, Sellerie, Süßholz, Roßkastanie, Schafgarbe, Schlüsselblume, Schwarze Johannisbeere, Senf, Tanne, Thymian, Wacholder, Walnuß, Walderdbeere, Ysop, Zinnkraut, Zwiebel
Rippenfellentzündung	Borretsch, Senf, Zinnkraut
Ruhr	Eiche, Hauswurz, Heidelbeere, Tormentille
Schlaflosigkeit	Anis, Baldrian, Dill, Eisenkraut, Hafer, Hopfen, Klatsch-Mohn, Klee, Lavendel, Melisse, Schlüsselblume, Thymian, Waldmeister, Weißdorn
Schnupfen → Erkältung	
Schwächezustände	Angelika, Baldrian, Beifuß, Eisenkraut
Schwindelanfälle	Faulbaum, Löffelkraut, Raute, Rosmarin, Weißdorn
Skrofulose	Roßkastanie, Stiefmütterchen, Walnuß
Sodbrennen	Bitterklee, Rittersporn, Thymian

Steinbildung (Steinleiden)	Berberitze, Eisenkraut, Ginster, Goldrute, Preiselbeere, Quecke, Schafgarbe
Stoffwechselstörungen (Stoffwechselerkrankungen)	Fichte, Heublumen, Johanniskraut, Seifenkraut, Wermut
Übelkeit	Enzian, Melisse
Übermüdung	Tanne
Unterleib (Unterleibskrämpfe)	Pfefferminze, Thymian
Verbrennungen	Spitzwegerich, Zwiebel
Verdauung (Verdauungsstörungen)	Beifuß, Enzian, Benediktenkraut, Bitterklee, Heidelbeere, Nelkenwurz, Meisterwurz, Rainfarn, Rosmarin, Schwarze Johannisbeere, Süßdolde, Wegwarte
Vergiftungen (von Pilzen, Nikotin, Giftpflanzen)	Eiche
Verletzungen	Arnika, Benediktenkraut
Verschleimung der Luftwege	Eberwurz, Johanniskraut, Rettich
Verstauchungen (Verrenkungen)	Arnika, Lavendel, Rainfarn, Thymian
Verstopfung	Ackerwinde, Apfel, Ginster, Hafer, Mistel, Meerrettich, Tausendgüldenkraut
Warzen	Schöllkraut
Wasser (Wassersucht, Wasseransammlung)	Attich, Birke, Brennessel, Bohne, Eberwurz, Ginster, Klette, Linde, Meerrettich, Petersilie, Seifenkraut, Wacholder, Schwarze Johannisbeere, Waldmeister, Zwiebel
Wechselfieber → *Fieber*	
Wechseljahre	Baldrian, Eisenkraut, Frauenmantel
Wunden (Wundbehandlung)	Basilikum, Eisenkraut, Fichte, Frauenmantel, Heidelbeere, Johanniskraut,

	Kamille, Klee, Linde, Lungenkraut, Knoblauch, Majoran, Hirtentäschchen, Hopfen, Isländisch Moos, Melisse, Ringelblume, Rittersporn, Salbei, Schafgarbe, Schwarze Johannisbeere, Tormentille, Ysop
Würmer (Wurmkur)	Basilikum, Farnkraut, Hauswurz, Johanniskraut, Rainfarn, Wermut, Ysop
Zahn (Zahnfleischbluten, Zahnfleischentzündung, Zahnschmerzen, Zahnfäule)	Brombeere, Eiche, Heidelbeere, Kalmus, Kamille, Malve, Meerrettich, Melisse, Petersilie, Salbei, Sanddorn, Schlehdorn, Ysop, Zinnkraut
Zuckerkranker → *Diabetiker* (Zuckerkrankheit, leichte Zuckerkrankheit)	

Register der deutschen und lateinischen Namen

Quellenverzeichnis

Prof. Dr. med. Hans Glatzel,
Leiter d. Klinisch-Physiologischen Abteilung
des Max-Planck-Institutes für Ernährungs-
physiologie, Dortmund

›Kölbl's Kräuterfibel‹ von Konrad Kölbl
Conny Cöll Verlag München

›Das blüht an allen Wegen‹ von Dietmar Aichele
Kosmos Gesellschaft f. Naturfreunde
Franckh'sche Verlagshandlung Stuttgart

›Schönfelder-Fischer‹ aus der Reihe
Der Kosmos Naturführer
›Welche Heilpflanze ist das?‹
Kosmos Gesellschaft f. Naturfreunde
Franckh'sche Verlagshandlung Stuttgart

sowie verschiedene Druckschriften der Reformhäuser